Frank-Rainer Schurich Der Schülermord von Steglitz

Frank-Rainer Schurich

Der Schülermord von Steglitz

und 22 weitere Verbrechen

Bild und Heimat

Von Frank-Rainer Schurich liegen bei Bild und Heimat außerdem vor:

Die Tote von Wandlitz *und zwei weitere Fälle* (gemeinsam mit Remo Kroll, Blutiger Osten, 2017)
Tötungsdelikt Gisela G. *und zwei weitere Fälle* (gemeinsam mit Remo Kroll, Blutiger Osten, 2018)
Postraub am Spreekanal *und zwei weitere Verbrechen* (gemeinsam mit Remo Kroll, Blutiger Osten, 2018)
Brudermord *und zwei weitere Verbrechen von Sowjetsoldaten in der DDR* (gemeinsam mit Remo Kroll, Blutiger Osten, 2019)
Polizistenmorde. *Vier authentische Kriminalfälle aus der DDR* (gemeinsam mit Remo Kroll, 2019)

ISBN 978-3-95958-248-3

1. Auflage dieser Ausgabe

Umschlaggestaltung: capa
Umschlagabbildung: Chris Keller / bobsairport
Druck und Bindung: CPI Moravia Books s. r. o.

SUPERillu

In Kooperation mit der SUPERillu
www.superillu-shop.de

Inhalt

Vorbemerkung

Zwischen Slapstick und Apokalypse

»Klopf. Klopf.
Ehemann: Wer da?
Stimme: Jack the Ripper.
Ehemann: Für Dich, Liebes!«

Benny Hill Show, 1980

»Es muss nicht einmal eine Leistung sein, aus der die Welt Nutzen zieht«, schrieb der österreichische Schriftsteller Alfred Polgar 1929 in *Schwarz auf Weiß*, »ein schönes Verbrechen, eine Torheit größeren Stils, ungewöhnliches Pech oder ein Rekord geben Zutritt in das Interesse der Allgemeinheit.«

In diesem Buch wird kurzweilig von Verbrechen und unglaublichen Ereignissen berichtet, die wir auch heute noch mit Erstaunen zur Kenntnis nehmen müssen. Das Außergewöhnliche des Geschehens steht immer im Vordergrund. Tragisches und Kurioses, Geheimnisvolles und Reales, Einfältiges und Reinfältiges, geschöpft aus unterschiedlichen Quellen wie Pitaval, Gerichtsakten und Fachschrifttum, sind bunt gemischt zu Miniaturen. Und nicht nur am Rande tun sich die Abgründe menschlichen Handelns auf. Kriminalgeschichte zwischen Slapstick und Apokalypse.

Denn »schöne Verbrechen« haben schon immer eine große Faszination ausgeübt. Nicht zu Unrecht sagt Kommissar Wallander im Buch *Die fünfte Frau* von Henning Mankell, dass es kaum Touristenattraktionen gibt, die sich mit den Tatorten von Verbrechen messen können. Wenn dann noch bizarre, skurrile, komische oder wundersame Momente in dem Verbrechen mitspielen oder entdeckt werden können, wird die Beschäftigung mit dem Fall ein komplettes Erlebnis, weil uns das zuweilen Grausame freundlich überdeckt entgegentritt.

Auch in der Wirklichkeit liegen Tragisches und Skurriles bei Verbrechen oft dicht nebeneinander. Der amerikanische Autor Jack Kerouac hat einmal von einem Mann erzählt, der seiner Frau verzieh, dass sie ihn angeschossen hatte; er bekam sie aus dem Gefängnis frei, mit dem Ergebnis, dass er ein zweites Mal angeschossen wurde.

Unfreiwillige Komik enthält die in einem neuen Buch über authentische Kriminalfälle zu lesende Mitteilung, »dass die beiden Leichen erstickt wurden«. Und Beamte, die täglich Umgang mit den schlimmsten Verbrechen haben, geben zuweilen ungewollt erheiternde Erklärungen ab. So sagte der Berliner Oberstaatsanwalt Michael von Hagen 2011 zum Mord an einem Tätowierer, dessen Leichnam man in Einzelteilen fand: »Es gibt Anhaltspunkte, dass der Leichnam zersägt wurde.«

Eine kuriose Feststellung weht auch aus dem »Augenschein- und Sachverständigenbefund« eines Mordfalles herüber, der sich 1913 in Bruck an der Mur in Österreich zugetragen hatte: »Nach Konstatierung durch den Gerichtsarzt fühlt sich Aloisia Reisner noch etwas warm an, ist aber bereits eine Leiche.«

Fortsetzung folgt? Natürlich! Die Kriminellen jedenfalls werden weiterhin kräftig mitspielen …

Susanna

Im Bade

(Vor mehr als 2100 Jahren)

In nicht geringes Erstaunen versetzte 1981 ein 17-jähriger Ganove die Rotterdamer Kriminalpolizei. Einmal festgenommen, sprudelten die Geständnisse wie ein Wasserfall. Nach Summierung der Diebstähle, Überfälle und Brandstiftungen, die dem Täter umgerechnet über fünf Millionen Mark Beute gebracht hatten, zählte der erschöpfte Kommissar über 2000 Delikte.

Die meisten Missetäter sind nicht so gesprächig, und auch Zeugen lügen zuweilen wie gedruckt. Um möglichst wahrhafte Aussagen zu erhalten, gibt es Vernehmungen, die früher Verhöre hießen, bei der Polizei, Staatsanwaltschaft und vor Gericht. Und damit all die fragenden Beamten es richtig machen, gibt es die Wissenschaft von der Vernehmung. Aber wer ist der Begründer der sogenannten kriminalistischen Vernehmungslehre?

Johann Christian Schaumann (1768–1821) hatte 1792 in seiner in Halle erschienenen Schrift *Ideen zu einer Criminalpsychologie* einen ersten Schritt getan, indem er das Verhältnis von Vernehmer und Vernommenen im Strafverfahren, die damals in alter Tradition Inquisitor und Inquisit hießen, beleuchtete. Jeglichen Zwang lehnte er als Gegner des Inquisitionsverfahrens ab; der Vernehmer müsse versuchen, »die dem Inquisiten so nahe liegende Vorstellung, dass der Inquisitor sein Gegner, sein Feind sei, wegzuräumen«.

Später haben Carl Joseph Anton Mittermaier (1787–1867) und Ludwig Hugo Franz von Jagemann (1806–1853), Schüler und Zeitgenosse Mittermaiers, die Strafuntersuchungskunde, die später Kriminalistik hieß, zu einem Gesamtsystem gebündelt, in dem auch forensisch-psychologische und vernehmungstaktische Fragen eine herausragende Rolle spielen. Das Credo der Jagemannschen Verhörslehre findet sich im folgenden Zitat: »Keine Aufgabe der praktischen Jurisprudenz kommt derjenigen gleich, welche in einem wissenschaftlich geordneten und kunstgerechten ausgeführten Criminalverhöre liegt. Sie besteht eigentlich in einem Worte darin, von einem widerstrebenden Individuum ohne Anwendung irgendeines Gewaltmittels die Wahrheit zu erforschen.«

Aber den Ursprung der kriminalistischen Vernehmungslehre findet man nicht in einem wissenschaftlichen Werk, sondern in den Apokryphen des Alten Testaments. Daniel, Held der jüdischen Folklore und Hauptperson einer Reihe überlieferter Geschichten, rettete darin Susanna vor dem sicheren Tode.

In Babylon lebte der wohlhabende Jojakim mit seiner bildschönen Frau Susanna in einem großen Haus, umgeben von einem schönen Garten. Regelmäßig trafen sich an dieser gemütlichen Stätte die besseren Kreise der Stadt, unter ihnen auch zwei Älteste, die das Richteramt bekleideten. Nach einer solchen Versammlung beobachteten sie die nackt badende Susanna im Garten. Als die Mägde Balsam und Seife holen und den Garten verschließen gingen, stürzten sich die beiden Alten auf sie und sprachen: »Siehe, der Garten ist zugeschlossen, und niemand sieht uns, und wir sind entbrannt in deiner Liebe; darum so tu unsern Willen. Willst du aber nicht, so wollen wir auf dich bekennen, dass wir einen jungen Gesellen allein bei dir gefunden haben und dass du deine Mägde darum habest hinausgeschickt.«

Susanna rief um Hilfe, aber die beiden Alten machten ihre Drohung wahr. Die keusche Susanna wurde aufgrund der Falschaussagen der elenden Richter zum Tode verurteilt.

Als man sie zur Richtstatt führte, mischte sich ein junger Knabe namens Daniel ein: »Seid ihr von Israel solche Narren, dass ihr eine Tochter Israels verdammt, ehe ihr die Sache erforschet und gewiss werdet?« Daniel ließ die beiden Alten an verschiedene Orte bringen, so dass sie sich nicht sehen und hören konnten. Dann fragte er den einen, unter welchem Baume er Susanna und ihren Galan beieinander erwischte. »Unter einer Linde«, antwortete der erste Richter. Auf die gleiche Frage erwiderte der zweite Bösewicht: »Unter einer Eiche.« Damit hatte Daniel die falschen Zeugnisse der beiden Alten bewiesen. Die Missetäter wurden mit dem Tode bestraft, ganz die Strafe, die sie Susanna zugedacht hatten.

Damit ist Daniel der erste Detektiv der Weltgeschichte, der die heutige Binsenweisheit, die Zeugen immer getrennt zu vernehmen, damit sie ihre Aussagen nicht abgleichen können, eindrucksvoll praktizierte. Ein wahrer Held und der eigentliche Begründer der kriminalistischen Vernehmungslehre.

»Die Geschichte von Susanna und Daniel«, so der Originaltitel in der Bibel, hat viele Maler inspiriert. Die beiden lüsternen Alten, die es gar nicht erwarten konnten, sich auf Susanna zu stürzen, und eine nackte, wunderschöne Frau – das war ein unwiderstehliches Sujet. Rembrandt malte um 1634 »Susanna und die beiden Ältesten« in dem Moment, als Susanna bedrängt und gepackt wurde, im Gemälde von Lovis Corinth (1890) schauen die geilen Richter noch durch einen Spalt in den Vorhängen. Auch Tizian, Tintoretto und Paolo Veronese haben sich in berühmten Bildern diesem Thema gewidmet, das zudem eine gute Gelegenheit gab, in Zeiten, in denen Aktdarstellungen als unsittlich galten, den unbekleideten menschlichen Körper zu zeigen.

Susanna, schon durch ihren Namen, der hebräisch »Lilie« oder »Rose« bedeutet, zur Reinheit bestimmt, ist in der Malerei und in der Literatur zum Keuschheitsidol erhoben worden. Es gab durch die Jahrhunderte nur wenige Zweifler, z. B. den fast vergessenen Hamburger Dichter Friedrich von Hagedorn (1708–1754):

Susanna
Susannas Keuschheit wird von allen hochgepriesen:
Das junge Weib, das jeder artig fand,
Tat beiden Greisen Widerstand.
Und hat sich keinem hold erwiesen.

Ich lobe, was wir von ihr lesen;
Doch räumen alle Kenner ein,
Das Wunder würde größer sein,
Wenn beide Buhler jung gewesen.

Sophie Charlotte Elisabeth Ursinus

Giftige Geheimrätin

(1803)

Am 4. April 1836, vor über 175 Jahren, starb die Geheimrätin Sophie Charlotte Elisabeth Ursinus. Sie zählt zu den rätselhaftesten Erscheinungen der deutschen Kriminalchronik des 19. Jahrhunderts.

Ihr Ehemann, der Geheime Justizrat und Regierungsdirektor Ursinus, verschied am 11. September 1800, als sie 40 Jahre alt war. Sein Ableben war plötzlich und unerwartet, denn er hatte einen Tag zuvor noch seinen Geburtstag ganz vergnüglich bei körperlichem Wohlergehen gefeiert.

Nun wusste die wohlhabende Witwe zu feiern und sich mit Männern und Frauen ihres Standes zu umgeben, wies aber alle Ansinnen der Witwenschleicher stets mit Entschiedenheit von sich. Umso größer war das Aufsehen, als die Geheimrätin am 5. März 1803 unter Verdacht des versuchten Giftmordes in ihrer Wohnung in Charlottenburg bei Berlin verhaftet wurde.

Der Bedienstete Benjamin Klein hatte Verdacht geschöpft, als er von seiner Herrin eine Tasse Fleischbrühe und später noch einige Rosinen gereicht bekam und ihm daraufhin sehr unwohl wurde. Tatsächlich fand er im Spind ein in Papier gewickeltes weißes Pulver mit der Aufschrift »Arsenik«. Als er noch Pflaumen von der Geheimrätin erhielt, nahm er das Geschenk nur mit geheuchelter Dankbarkeit an. Das Corpus Delicti gelangte auf Umwegen zum Apotheker Flittner, der darin tatsächlich Arsenik fand.

In der feinen Gesellschaft kochten Gerüchte hoch. Es hieß, dass Sophie Ursinus noch einen Liebhaber, ihren Ehemann und ihre sehr vermögende Tante vergiftet habe. Eine Person der höheren Stände unter der Anklage des vierfachen Mordes – das war die Sensation in Charlottenburg und Berlin, wo sonst nur Verbrecher aus der unteren Volksklasse zum Schafott geführt wurden.

Das Urteil des Kriminalsenats des Königlichen Kammergerichts vom 12. September 1803, das auch in der zweiten Instanz und dann vom König bestätigt wurde, sprach die Geheimrätin von der Anklage der Vergiftung ihres Liebhabers und ihres Ehemanns zwar völlig frei; wegen der Vergiftung ihrer Tante und der wiederholt versuchten Vergiftung ihres Dieners verurteilte der Senat sie aber zu lebenslanger Haft auf der Festung Glatz (Niederschlesien, heute Kłodzko in Polen).

Sophie Ursinus, eine gebildete und ästhetische Frau, hatte für den Mord an ihrer Tante kein Geständnis abgelegt. Zwar räumte sie ein, in geistiger Verwirrung oder Selbstmordabsicht der Tante versehentlich Arsenik gegeben zu haben, bestritt aber vehement jeglichen Vorsatz. Im Falle ihres Dieners gestand sie, in Tötungsabsicht gehandelt zu haben. Allerdings ließ sie das Gericht über ihre Motive im Unklaren; man vermutete, dass er als Kenner ihrer geheimen Heiratspläne ausgeschaltet werden sollte.

Taterschwerend in den drei letzten Fällen kam hinzu, dass sie nachweislich Arsenik erworben hatte, angeblich zur Rattenbekämpfung, obwohl in ihrem Hause gar keine Plage herrschte.

Sowohl die Leiche ihres Ehemanns als auch die ihrer Tante wurden exhumiert und u.a. vom berühmten Chemiker Martin Heinrich Klaproth (1743–1817) untersucht. Arsen konnte er nicht nachweisen, da ihm kein feines toxikologisches Verfahren zur Verfügung stand. Aber pathologische Veränderungen in Magen und Darm sowie der gute Erhaltungszustand der Leichen wiesen auf eine Vergiftung mit Arsen hin, das das Gewebe ausgezeichnet konserviert. Auch der bekannte Arzt Ernst Ludwig Heim (1747–1834) spielte in diesem Stück mit. Vor Gericht äußerte er sich gutachterlich zur Persönlichkeit der Ursinus und bezeichnete sie als eine Frau mit großer Verstellungskraft.

Die Indizien sprechen dafür, dass sie auch ihren Geliebten und ihren Ehemann eiskalt mit Arsenik (weißes Arsenoxid, ein geruchs- und geschmackloses Pulver) vergiftete. Der »Erfolg« der Arsenvergiftung beruhte damals darauf, dass die Symptome der »Erkrankung« der Opfer anderen Krankheitsbildern zum Verwechseln ähnelten und sensible Nachweisverfahren nicht zur Verfügung standen, um geringe Mengen des Gifts aufspüren zu können (tödliche Dosis ca. 0,13 g Arsen).

Sophie Ursinus wurde nach 30-jähriger Haft 1833 begnadigt, durfte aber die Festungsstadt nicht verlassen.

Als sie am 4. April 1836 in Glatz starb, war sie bereits wieder Mitglied der besseren Gesellschaft geworden und hinterließ ein beträchtliches Vermögen (40 000 Taler). Sie vermachte dem Hauswart der Berliner Hausvogtei 500 Taler, weil er sie als Gefangene schonend behandelt hatte, und weitere 500 Taler gingen an den Verein für die Besserung der Strafgefangenen mit dem testamentarischen Zusatz, dass sie 25 Jahre lang Gelegenheit hatte zu sehen, wie nützlich und nötig so ein Verein sei, »um wenigstens die einzelnen mehr verirrten als verdorbenen Individuen zu retten«.

Arsenik war in der Spätantike das mit Abstand am meisten verwendete Mordgift. In Frankreich nannte man es später sinnigerweise »Erbschaftspulver«. Ironie der Kriminalgeschichte: Im Jahr, in dem die geheimnisumwobene Geheimrätin starb, entwickelte der englische Chemiker James Marsh (1794–1846) eine Methode zum Nachweis von Arsen, so dass dieses Morden allmählich abnahm.

William Burke und William Hare

Marktlücke

(1828)

Schaut man in Englisch-Wörterbücher, so findet man unter dem Eintrag »burke« die deutsche Übersetzung des Verbs: »jemanden heimlich umbringen« oder »ersticken« oder figürlich »etwas vertuschen«. Auch die Übersetzung »leise oder indirekt unterdrücken« sowie »umgehen, vermeiden« kann man als Übersetzungsvarianten finden.

Es gibt viele Beweise, dass das Verb »burke« die Alltagssprache flächendeckend erobert hat. Wenn über kriminelle Machenschaften der Pharmaindustrie berichtet wird, heißt das »They knew that the drug had dangerous side effects, but they burked the findings.« Heißt auf Deutsch: Sie wussten, dass das Medikament gefährliche Nebenwirkungen hatte, aber sie haben die Untersuchungsergebnisse unterdrückt. Und wenn auf einer Konferenz von verschiedenen Politikern ein wichtiges Thema vermieden wird, sagt man auf Englisch »They burked the issue.«

Kaum jemand weiß aber, dass damit ein alter schottischer Kriminalfall und die infame Tötungsmethode, die die Täter anwendeten, massenhaft Eingang in den englischen Sprachschatz gefunden haben.

In der ersten Hälfte des 19. Jahrhunderts machte die Medizin große Fortschritte, nachdem Giovanni Morgagni 1761 die Pathologische Anatomie begründet hatte. Die Medizin wurde in einzelne Fächer aufgegliedert, die Ausbildung der Ärzte nahm eine völlig neue Qualität an. Zur Erforschung des menschlichen Körpers fehlte aber etwas – nämlich die Leichen. Zu eben dieser Zeit spendete niemand der Medizin seinen toten Körper.

William Burke und William Hare, beide stammten aus Irland, erkannten, dass sich hier eine Marktlücke auftat, die man mit großem Gewinn schließen konnte. Beide hatten sich 1827 in Hares billigem Wohnheim »Tanner's Close« im Hafenviertel von Edinburgh kennengelernt, in dem Burke nach Trennung von Weib und Kindern unterkam. Das billige Quartier sollten manche Gäste aber sehr teuer bezahlen.

Als ein Mitbewohner verstarb, der nur unter dem Namen »alter Donald« bekannt war und dem Vermieter Hare noch vier Pfund Miete schuldete, gingen beide vereint ins »Körpergeschäft«. Um seinen Verlust auszugleichen, beschlossen sie, die Leiche an einen Arzt zu verkaufen. Im Hinterhof stand der Sarg; sie holten die Leiche heraus und verkauften sie an den brillanten Anatomen Dr. Robert Knox, der in 10 Surgeons' Square in Edinburgh seine Praxis hatte. Man handelte um den Preis, der am Ende mit sieben Pfund und zehn Schilling offenbar für beide Seiten sehr zufriedenstellend ausfiel.

Da waren die Ganoven auf den Geschmack gekommen, aber ihnen war schnell klar, dass diese Geldquelle schnell versiegen würde, denn es war außerordentlich schwierig, an Leichen heranzukommen. Die Friedhöfe waren damals sehr gut bewacht, die Gräber zusätzlich durch Eisenstangen gesichert. Da musste eine neue Idee her!

Sie gingen dazu über, sich die Leichen selbst zu »erschaffen«. Einen geschwächten alten Mann erstickten sie mit einem Kissen, was ihnen bei Dr. Knox zehn Pfund einbrachte, das zweite Opfer war ein Mann, der mit Gelbsucht darniederlag. Die Morde folgten Schlag auf Schlag. Alle Opfer wurden in das Wohnheim von Hare gelockt, wenn notwendig betrunken gemacht und erstickt.

Der Mord an der Prostituierten Mary Paterson sorgte für ziemlichen Wirbel. Der Anblick ihres nackten Körpers (sie war gerade einmal sechs Stunden tot) erregte die Gemüter der Medizinstudenten, von denen einer behauptete, Mary zu kennen. In dieser prüden Zeit berichteten sogar die Zeitungen über Marys ästhetischen Körper. Dr. Knox war stolz auf die Leiche. Er sezierte sie nicht sofort, sondern ließ sie erst einmal in Whisky einlegen, wodurch Marys Körper eine Touristenattraktion wurde. Nach drei Monaten war er dann berühmt genug, und er begann mit der Sektion.

Angefeuert von ihren Erfolgen, wurden Burke und Hare immer kecker. Es wird berichtet, dass sie einmal einem Polizisten begegneten, der eine stark alkoholisierte Frau begleitete. Sie gaben sich als barmherzige Samariter aus und überredeten ihn, ihnen die hilflose Frau zur weiteren Betreuung zu überlassen. In derselben Nacht landete das Opfer bei Dr. Knox.

Im Juni 1828 töteten Burke und Hare eine junge Frau und ihren kleinen, taubstummen Jungen. Die Frau hatte Burke nach dem Weg gefragt; er lockte aber beide in die Herberge. Nach dem Mord steckten sie beide in ein Fass und verkauften sie für 16 Pfund an Dr. Knox.

Hochmut kommt vor dem Fall. Die Killer wurden immer dreister, bis das Ganze aufflog. Ein Ehepaar hatte in der Herberge »Tanner's Close« im Oktober 1828 ein billiges Quartier bezogen, wurde aber nach 14 Tagen von Hare gekündigt, weil er Eigenbedarf für eine Verwandte aus Irland anmeldete. Das arme Ehepaar zog aus, aber alsbald bemerkte die Frau, dass sie einen Strumpf vergessen hatte. Beide suchten am 1. November 1828 in ihrem alten Zimmer nach dem Strumpf, die Frau hob auf ihrer alten Schlafstätte eine mit Stroh gefüllte Matratze hoch und entdeckte die Leiche einer nackten alten Frau, deren Gesicht mit Blut verschmiert war. Die Polizei wurde informiert, und ein Kommissar eilte mit einem Polizeiarzt zur Herberge. Eine Leiche konnten sie aber nicht mehr finden. Auch Burke und Hare waren geflüchtet.

Aber die Aussagen der Eheleute waren so glaubwürdig, dass sich die Polizei entschloss, bei Dr. Knox, Anatomieprofessor an der Universität, nach der Leiche zu suchen. Es hatte sich nämlich herumgesprochen, dass dieser jede Leiche kaufe, ohne lange nach der Herkunft zu fragen.

Das Ehepaar erkannte die Leiche wieder, die es zuvor in »Tanner's Close« gefunden hatte, und Burke und Hare konnten dingfest gemacht werden.

Da sie offenbar wenig redselig waren, versuchte man es mit einem alten Trick, der heute »Kronzeugenregelung« heißt. Der Lord Advocat, Sir William Rae, versprach Hare bei seiner Festnahme Immunität, falls er wahrhaftig und vor allen Dingen umfassend gegen Burke aussagt. So geschah es denn auch. Hare ließ sich auf den Handel ein.

Der Prozess gegen Burke im High Court of Justiciary begann am Heiligen Abend 1828. Pausen gab es nicht. Am Morgen des ersten Weihnachtstages wurde das Urteil gegen Burke verkündet – Tod durch Erhängen. Nach der Hinrichtung, so wurde verfügt, soll sein Körper der medizinischen Forschung zur Verfügung gestellt werden. Sein Skelett steht heute noch im Anatomischen Museum der Stadt Edinburgh.

Etwa 1 000 Menschen wohnten der Hinrichtung am 28. Januar 1829 bei; auch der Dichter Walter Scott war unter den Anwesenden.

Burke wurde anschließend sofort seziert, wobei der Obduktion immer 50 Menschen auf einmal beiwohnen durften, wahrscheinlich nach einem Rotationsprinzip. Einen Tag später defilierte das Volk in Scharen an dem sezierten Leichnam vorbei. Die Leichenteile wurden eingesalzen und für spätere medizinische Forschungen sicher verwahrt.

Dr. Knox beteuerte seine Unschuld und stritt jegliche Beteiligung an den grausamen Verbrechen ab. Er konnte nicht verurteilt werden, aber musste seine bislang glänzend verlaufende Medizinerkarriere abbrechen; er starb 1862.

Hare blieb auch frei, musste natürlich Edinburgh verlassen und flüchtete vor der lynchlustigen Bevölkerung nach London, wo er schließlich 1859 als blinder, mittelloser Bettler starb.

Insgesamt sollen Burke und Hare 16 Menschen umgebracht haben. Der Fall erlangte nicht nur so viel Aufsehen, dass »to burke« Bestandteil der Umgangssprache wurde; schon 1829, also in dem Jahr, in dem Burke gehängt worden war, hat die heutige Sprachwissenschaft dazu den ersten Nachweis gefunden.

Die Begehungsweise der Mörder war eine spezielle Form des Erstickens. »Abgewandelt zu diesem Begriff«, schreibt der bekannte Gerichtsmediziner und Kriminalistikprofessor Ingo Wirth in seinem Buch *Tote geben zu Protokoll,* »ging der Name des aus Irland stammenden Serienmörders William Burke in die Geschichte der Gerichtsmedizin ein.«

»Burking« als Mordmethode, die wenig Spuren zurücklässt, geht also auf Burke zurück, der sich auf die Brust seiner alkoholisierten Opfer setzte oder kniete und ihnen gleichzeitig Mund und Nase zuhielt. Das kann man auch auf Seite 156 im *Vademecum Gerichtsmedizin. Für Mediziner, Kriminalisten und Juristen* nachlesen, diesem Standardwerk, das die international anerkannten DDR-Gerichtsmediziner Wolfgang Reimann und Otto Prokop ab 1973 in fünf Auflagen herausbrachten.

Nach diesen grausigen Mordfällen reagierte die Monarchie prompt. 1832 wurde ein Anatomie-Gesetz erlassen, das die legale Beschaffung der für Lehre und

Forschung benötigten Leichen im Königreich rechtsstaatlich regelte. Die Mediziner mussten nicht mehr, wie bis dahin, auf Friedhöfen gestohlene Leichen kaufen oder sich um Mordopfer streiten. Und das war dann schon ein großer Fortschritt.

Anton und Franz Tomaschek

Das begrabene Plättbrett

(1848)

In Berlin unter der Adresse Unter den Linden 47 wohnt am 23. Oktober 1848 der Damenschneidermeister Anton Tomaschek. An diesem Tage bekommt er lieben Besuch; sein Bruder Franz, der 51-jährige Damenschneider, der in Kopenhagen ansässig ist, steigt bei ihm ab, um einige Wochen hier zu logieren.

Die heiteren Tage in Berlin vergehen schnell, doch plötzlich schlägt das Schicksal zu. Am 20. November 1848 verstirbt Franz Tomaschek in Antons Wohnung Unter den Linden an Bluthusten. Ein Totenschein wird ausgestellt. Auf dem Friedhof der St.-Hedwig-Gemeinde in Mitte wird er am 24. November in aller Stille begraben. Nur sein Bruder Anton folgt dem Sarg. Alles scheint seine Ordnung zu haben, und das Gras wächst schnell über diese Sache.

Zwei Jahre später vernimmt der ehrgeizige Kriminalkommissar Rockenstein einen Dieb und Einbrecher, der in seiner Vernehmung die kurze Bemerkung macht, jemanden zu kennen, der angeblich auf einem Friedhof begraben liege und trotzdem mit viel Geld aus einem Versicherungsschwindel fröhlich lebe. Mehr zur »Sache« sagt er nicht.

Rockenstein, offenbar ein Vollblutkriminalist, geht der Sache nach und untersucht systematisch Totenscheine über einen Zeitraum, in dem sich der Tippgeber auf freiem Fuß befand. In der richtigen Annahme, dass sich eine Scheinbeerdigung eines Fremden oder Auswärtigen leichter inszenieren lässt, konzentriert er sich auf solche Personen und stößt schließlich auf Franz Tomaschek. Seine Recherchen ergeben, dass Franz Tomaschek jeweils bei einer englischen und dänischen Versicherung eine hohe Lebensversicherung abgeschlossen hatte.

Anton Tomaschek wird zur Sache vernommen und legt sofort ein Geständnis ab.

Der für die Beerdigung erforderliche Totenschein war von dem mitwissenden Wundarzt erster Klasse Gotthilf Anton Kunze ausgefertigt worden, der ebenfalls gesteht. Statt Franz Tomaschek habe man einen Sarg ohne Leiche beerdigt und eine Versicherungssumme von 10 000 Talern in Anspruch genommen, eine für damalige Verhältnisse beachtliche Beute.

Beim Fackelschein wird in der Nacht der Grabhügel auf dem Hedwig-Friedhof geöffnet. Der Sarg ist noch recht gut erhalten, in ihm wird statt einer Leiche ein mit Stroh umwickeltes Plättbrett, bekleidet mit einem Sterbehemd und einer weißen Mütze, vorgefunden. Außerdem befinden sich im Grab verfaulte Rindskaldaunen, die einen Verwesungsgeruch vortäuschen sollten. Es ist an alles gedacht.

Nach entsprechenden Fahndungsmaßnahmen wird Franz Tomaschek in seinem Geburtsort Sobietusch bei

Königgrätz (heute Hradec Králové) in Böhmen ermittelt und nach Berlin überstellt. Bei seiner Vernehmung stellt sich heraus, dass er der Urheber und der Kopf des kriminellen Unternehmens ist. Er soll sogar mit seinem Bruder seinem eigenen Sarg gefolgt sein – heißt es aus einer anderen Quelle.

Nach einigen gerichtlichen Wirren werden Anton und Franz Tomaschek sowie der Wundarzt Kunze wegen Betrugs von öffentlichen und Privatkunden zu mehrjähriger Strafarbeit und hohen Geldbußen verurteilt.

Der Fall der Gebrüder Tomaschek und die tragikomische Geschichte vom begrabenen Plättbrett waren lange in Berlin in aller Munde. 1851 gab's darüber sogar einen Bänkelsang mit sechs Strophen, wobei die fünfte sehr gut als Moralepistel taugt:

Begrabe nie kein Plettbrett nich
Und gar kein Stroh und Erde nich,
Spielt niemals solchen Schlauen
Mit einer Rindskaldaun.
Hättst du dich nur vorher bedacht,
Eh' du den Schwindel hast gemacht;
Dann wärst du noch in Böhmerland
Und würdest hier nicht so bekannt.

Dieser wirklich sehr schlichte Gassenhauer schaffte es zu damaliger Zeit aber nicht in die Charts und war alsbald vergessen. In der *Vossischen Zeitung* vom 29. April 1912 findet der Leser aber einen neuen Vers, der auch auf die Gebrüder Tomaschek gemünzt ist, die Moral des obigen Liedes aufnimmt und einen außerordentlich wichtigen kriminalpräventiven Lehrsatz enthält:

Ein jeder Stand hat seine Laune,
Ein jeder Stand hat seine Last,
Begrabe keine Rindskaldaune,
Wenn du nicht selbst gestorben hast.

Max Hödel

Tod durch Museumsbeil

(1878)

Am Nachmittag des 11. Mai 1878 gibt der arbeitslose Klempner Max Hödel vor der russischen Botschaft Unter den Linden in Berlin während der Vorbeifahrt Kaiser Wilhelms I. samt seiner Tochter drei Schüsse aus einem Revolver ab – in die Luft. Hödel war zeitweilig Mitglied der Sozialdemokratischen Partei Deutschlands (SPD), wurde jedoch wegen Unterschlagung von Parteigeldern ausgeschlossen. Zur Tatzeit betrachtet er sich selbst als »Anarchisten reinsten Wassers«.

Kanzler Bismarck nutzt diesen Vorfall sofort innenpolitisch aus. Umgehend depeschiert er von seinem Familienstammsitz Friedrichsruh nach Berlin: »Ausnahmegesetz gegen die Sozialdemokratie.« Zu diesem Zeitpunkt ist der *Gesetzentwurf zur Abwehr sozialdemokratischer Ausschreitungen* und zum Verbot der Sozialdemokratie längst ausgearbeitet. Aber der fällt nach zweitägiger Debatte im Reichstag am 24. Mai 1878 mit 251 gegen 57 Stimmen glatt durch.

Max Hödel, dessen Schüsse der Kaiser selbst nicht als Attentat betrachtete (»weil sie so hoch gingen«), wurde ohne ordentlichen Prozess zum Tode verurteilt. Das Todesurteil hatte Wilhelm I. nicht unterschreiben wollen, das tat an seiner Stelle der »liberale« Kronprinz, der spätere vorletzte deutsche Kaiser Friedrich III.

Dieser Kronprinz Friedrich Wilhelm, der zu der Zeit die Staatsgeschäfte führte (der Kaiser war durch ein anderes Attentat, von dem auch noch berichtet wird, verletzt worden), lehnte widerwillig Max Hödels Gnadengesuch ab. Er war zwar ein Gegner der Todesstrafe, aber in der Politik dominierte Bismarck, der die Hinrichtung des Attentäters als Drohung gegen die Sozialisten vollzogen sehen wollte.

Der zuständige Scharfrichter und Werkführer in der Berliner Abdeckerei hieß Julius Krautz (1843–1921). Zu allem Unglück besaß er zu dieser Zeit kein Richtbeil! Warum das so war, ist nicht überliefert.

Zwar galt die Enthauptung mit dem Schwert als ehrenvollste Todesstrafe, aber es kamen in der Vergangenheit immer wieder Fehlschläge vor, so dass in Preußen 1811 Handbeil und Richtblock eingeführt wurden.

Das Märkische Museum in Berlin-Mitte (1874 gegründet, bis 1881 im ehemaligen Palais Podewils) half dem Scharfrichter ohne Richtbeil. Und das kam so:

Dessen Amtsvorgänger, der Magdeburger Scharfrichter Wilhelm Reindel (1813–1872), hatte dem Museum eine Anzahl von Richtwerkzeugen verkauft. Noch heute können die Reindelschen Stücke besichtigt werden: Richtrad und die dazugehörigen »hohlen Krippen« zur Aufnahme der Extremitäten beim Rädern, ein Richtblock, ein Handbeil und vieles andere mehr. Dieses Handbeil ist aber kein Original, denn Reindel wollte dieses Tötungswerkzeug nicht verkaufen; er stellte es aber dem Märkischen Museum für einige Zeit zur Verfügung, damit eine museale Kopie hergestellt werden konnte. Die Marke des Berliner Zeugschmiedes weist darauf hin.

Unvorstellbar, aber genauso war es: Das Museum lieh Krautz das kopierte Museumsrichtbeil. Damit wurde Max Hödel am 16. August 1878 im Berliner Zellengefängnis in der Lehrter Straße, heute gegenüber dem Hauptbahnhof, geköpft.

Später bekam Krautz sein eigenes Beil, das er noch 53 Mal gebrauchte. Unter seiner Hand starben 52 Männer und eine Frau, davon acht in Berlin und der Mark Brandenburg. Der Reinerlös für jede Hinrichtung betrug ungefähr 150 Mark.

Danach kam Krautz selbst unter die Justizräder. Im April 1889 wurde er verhaftet, weil er in einer Wirtshausprügelei, die ein ehemaliger Gehilfe des Scharfrichters wohl provoziert hatte, seinem Widersacher so schwere Fußtritte verpasst hatte, dass dieser starb. Das Gericht machte daraus eine Notwehr, und Krautz wurde freigesprochen, allerdings verlor er damit auch sein Gerichtsamt

Der Scharfrichter erlangte schon zu Lebzeiten eine legendäre Berühmtheit. Der über 3000 Seiten umfassende Kolportageroman *Der Scharfrichter von Berlin nach den Akten, Aufzeichnungen und Mitteilungen des Scharfrichters Julius Krautz* wurde trotz seines hohen Preises von 13 Goldmark 1889 eine publizistische Sensation, er verkaufte sich 250000 Mal.

Julius Krautz, der so viele Menschen vom Leben zum

Tode befördert hatte, starb am 24. April 1921 im Krankenhaus Rüdersdorf.

Die Allee Unter den Linden war auch im letzten Viertel des 19. Jahrhunderts noch Schauplatz der Ausflüge des Kaisers in den Tiergarten, wie der Fall Max Hödel schon zeigte. In einem Reiseführer der damaligen Zeit hieß es: »Die Stunde, in der seine Majestät Unter den Linden erwartet wird, erkennt man meist schon an den Schutzleuten, die in kleinen Zwischenräumen Aufstellung nehmen, auf der Südseite der Straße, wenn der Kaiser zu Wagen, auf der Nordseite, wenn er zu Pferde kommt.« Man kann sich vorstellen, dass das für potenzielle Attentäter wirklich eine günstige Konstellation war.

Nach dem missglückten Versuch von Max Hödel ging das Verüben von Attentaten am 2. Juni 1878 weiter. Wilhelm I. kommt auf der Südseite der Linden in einer Kutsche zu seiner täglichen, zeitlich immer gleichen Spazierfahrt in den Tiergarten. Plötzlich fallen Schüsse aus einem Fenster des Hauses Unter den Linden 18, ein Stück westlich des Eingangs zur Kaiser-Galerie gelegen. Insgesamt 18 Schüsse aus einer Schrotflinte gibt der Schütze, ein Dr. Carl Nobiling, auf den greisen Kaiser ab, der verwundet wird. Während der blutende Wilhelm I. in sein Palais am Opernplatz zurückgebracht wird, stürmen aufgebrachte Bürger das Haus. Bevor sie jedoch den Attentäter ergreifen können, hat der sich selbst eine Kugel in den Kopf gejagt, woran er am 10. September 1878 verstirbt. So kommt es zu keinem Prozess.

Die neuerlichen Schüsse auf den Kaiser sind höchst willkommen. Noch in der Nacht vermeldet Wolffs Telegraphisches Bureau die »amtliche« Nachricht, Nobiling habe sich in der »gerichtlichen Vernehmung« zur Huldigung sozialdemokratischer Neigungen bekannt. Extrablätter der *Post* und des *Berliner Tageblatts* wollen wissen, man habe beim versuchten Attentäter sozialdemokratisches Schrifttum gefunden.

Eine ungeheure Stimmungsmache gegen die Sozialdemokratie als »Partei der Kaisermörder und Verschwörer« beginnt. In den *Preußischen Jahrbüchern* bezeichnet der preußisch-deutsch-nationalistische Historiker Heinrich von Treitschke die Sozialdemokratie als »Schule des Verbrechens«. Und der Berliner Polizeipräsident, General von Madai, möchte nur zu gern einen Zusammenhang zur 1864 in London gegründeten I. Internationale herstellen.

Vom preußischen Handelsminister Maybach werden die Unternehmer ermahnt, alle »sozialdemokratischen Elemente« zu entlassen. Durchsuchungen von Redaktionen, Druckereien und anderen sozialdemokratischen Einrichtungen reißen nicht ab, unzählige Prozesse wegen Majestätsbeleidigung beginnen. In der Nacht vom 19. zum 20. Oktober 1878 wird schließlich das *Gesetz gegen die gemeingefährlichen Bestrebungen der Sozialdemokratie*, in die Geschichte als »Sozialistengesetz« eingegangen, vom deutschen Reichstag in namentlicher Abstimmung mit 221 zu 149 Stimmen angenommen. Die Sozialdemokratie ist nun für lange Jahre vogelfrei.

Die wundersame Errettung von Kaiser Wilhelm I. vor

den Attentätern Max Hödel und Dr. Carl Nobiling hatte übrigens noch eine andere Folge. Auf dem Weddingplatz, natürlich im Wedding, wurde von 1882 bis 1884 ein monumentaler Kirchenbau aus Backstein errichtet – die »Dankeskirche«. Im Zweiten Weltkrieg fiel der Sakralbau den Luftangriffen zum Opfer, so dass heute als Zeuge dieser Ereignisse nur noch die Richtschwertkopie im Märkischen Museum bestaunt werden kann.

Hermann Günzel

Verrat im Treppenhaus

(1887)

In der Berliner Adalbertstraße 60/61 im Stadtbezirk Mitte wohnte und arbeitete der Kaufmann Kreiß. Paul Lindau, der schon 1888 über diesen Fall berichtete, schildert das Anwesen so:

»Das Grundstück ist auf eine in Berlin nicht ungewöhnliche Weise bebaut. Die ziemlich alten Gebäude füllen nicht die Breite der Straßenfront, rechts und links sind vielmehr Seitengebäude, welche zwischen sich einen größeren Vorhof frei lassen, daran stößt dann rechtwinklig das Quergebäude, das einen Durchgang zu dem zweiten Hof offenlässt. Zwischen den beiden Seitengebäuden, in der Mitte des Grundstücks, der Straße zu, liegt ein kleines Portierhaus; rechts und links zwischen diesem und den beiden Seitengebäuden sind die Durchfahrten frei gelassen, die durch ein eisernes Gitter geschlossen werden können und abends auch regelmäßig geschlossen werden. Das Gitter ist aber mit großer Leichtigkeit zu übersteigen. In den Gebäuden sind verschiedene Fabriken und Lagerräume: Lederfabrik, Metallhändler, Farbenfabrik, eine Blechemballagefabrik [Blechumhüllungen von Frachtgut, d. A.] usw. Da befanden sich auch die Geschäftsräume und die

Wohnung des Kaufmanns Max Kreiß, und zwar im ersten Stock des rechten Seitengebäudes.«

Der Mörder hatte sich am 9. April 1887 in den späten Abendstunden Zugang zur Wohnung verschafft, den kränklichen Kreiß überrascht und ihm durch mehrere wuchtige Schläge mit einem Werkzeug Stirn, Schädeldach und Scheitelgegend zertrümmert. Aus dem Tresor fehlten eine größere Summe Bargeld und eine Taschenuhr. Da der Täter nach Auffassung der Beamten offenbar wissen musste, wo Kreiß den Tresorschlüssel trug, kam der arbeitslose Hermann Günzel, 26 Jahre alt, der kurz bei ihm angestellt war, in ihr Visier.

Günzel wurde vier Tage nach dem Kapitalverbrechen verhaftet und dem in Kriminalsachen besonders bewanderten Untersuchungsrichter Landgerichtsrat Hollmann überantwortet. Günzel brachte ein schwer zu erschütterndes Alibi – unter Nennung unzähliger Nebenumstände und charakteristischer Einzelheiten. Die Aussage einer Zeitungsfrau war für die Ermittler der geschätzte Silberstreif am Horizont.

Hermann Günzel wohnte in der Dresdener Straße 5 in der Nähe des Kottbusser Tores, unweit von der Wohnung und Arbeitsstätte des Kaufmanns. Er hatte dort bei einer Frau Kaul eine Schlafstelle mit Frühstückskaffee für monatlich zehn Mark und fünfzig Pfennige. Am Morgen des 10. April, also am Ostersonntag, gegen 6.20 Uhr war Günzel einer Zeitungsausträgerin auf der Treppe des Hauses Dresdener Straße 5 begegnet; er hatte ihr eine Zeitung abverlangt und ihr dafür zehn Pfennige gegeben, dass sie ihm das Exemplar zum Durchblättern ließ, während sie eine Zeitung im 4. Stock des Hauses ablieferte. Bei der Rückkehr fragte sie: »Na, schon gelesen?« Günzel, während er die Zeitung zurückgab: »Ach, es steht ja noch nichts darin von dem Mord.« Sie: »Schon wieder ein Mord?« – »Ja, in der Adalbertstraße!«

Zu diesem Zeitpunkt war die Leiche seines Opfers aber noch gar nicht gefunden worden, was Günzel allerdings nicht wissen konnte.

Vom 20. bis 25. Mai 1887 verhandelte das Geschworenengericht des Landgerichts Berlin I gegen Hermann Günzel, der angeklagt war, am 9. April 1887 (Ostersonnabend) den Glaswarenkaufmann Kreiß in dessen Wohnung in der Adalbertstraße 60/61 getötet und beraubt zu haben. In der Verhandlung beherrschte Landgerichtsdirektor Krause das riesige Material vollkommen. Auf Antrag des Staatsanwaltes wurde Günzel durch einen überzeugenden Indizienbeweis und ohne Geständnis zu lebenslänglichem Zuchthaus und dauerndem Ehrverlust verurteilt.

»Niemand hat gesehen«, schrieb der Pitavalist Paul Lindau zu diesem Fall, »was im Dunkel der Osternacht in dem unheimlichen Seitengebäude der Adalbertstraße sich ereignet hat, und man weiß alles. Die Sonne bringt es an den Tag!«

Zorn und Verzweiflung hatten den stellungslos »verbummelten«, gelegentlich lyrische Gedichte schreibenden Handlungsgehilfen Hermann Günzel erfüllt. Kreiß hatte sich ihm gegenüber ziemlich mies verhalten. Er kündigte ihm, aber den ihm zustehenden restlichen

Lohn musste Günzel einklagen. Aus einer Maschinenöl- und Talgschmelzerei wurde er einfach auf die Straße gesetzt, weil er sich einen Arm gebrochen hatte. Zuvor musste Günzel seine Stellung als »Stadtreisender« beim Drogenhändler Ebeling in der Dresdener Straße aufgeben, weil er von dem kärglichen Lohn auf Erfolgshonorar nicht leben konnte. Seit Anfang Februar 1887 war er stellenlos. All dies weist auch auf soziale Ursachen von Kriminalität hin, erklärt aber keinen Mord.

Der notleidende Hermann Günzel hatte aber Täterwissen offenbart und verriet sich dadurch auf kuriose Weise, so dass er als der dümmste Mörder in die Kriminalgeschichte eingehen wird.

Josef Gönczi

Hund und Herrchen

(1897)

Der Schuhmachermeister Josef Gönczi aus der siebenbürgischen Stadt Maros-Vaserhely (Pflugstadt) war nach Beendigung der Lehre zunächst nach Budapest gegangen, später nach Wien, dann nach München, wo er seine Frau kennenlernte, die in einem Schuhgeschäft als Verkäuferin arbeitete. Überall war er als Meister seines Fachs anerkannt. Nach der Hochzeit gingen die jungen Leute nach Berlin, wo er in einem Schuhwarengeschäft als Werkführer angestellt war. Im Mai 1897 machte sich Gönczi dann mit einem eigenen »Wiener Schuhwarengeschäft« in der Mühlenstraße im Ostteil Berlins selbständig. Wiener Schuhwaren waren seine Spezialität, und der Umsatz stieg und stieg.

Er machte ein zweites Geschäft auf, und zwar im Berliner Westen in der Königgrätzer Straße 35 in Berlin-Schöneberg, die heute in diesem Teil Stresemannstraße heißt (sie ging früher über den Potsdamer Platz hinaus bis zum Brandenburger Tor). Das Haus gehörte einer Witwe Schultze und ihrer Tochter, die beide als eigentümlich, geizig und außerordentlich menschenscheu galten. Aber sie waren reich. Der 1892 gestorbene Berliner Bauunternehmer Schultze hatte nach dem Krieg 1870/71 groß verdient und wurde »Millionen-Schultze« oder »Gips-Schultze« genannt – nach seinen Gipsbrüchen in Spremberg in der Mark.

Die Witwe Auguste Schultze und ihre Stieftochter, die unverheiratet war und hässlich gewesen sein soll, hatten alles geerbt: das Kapital, die Grundstücke außerhalb Berlins und zwei Mietshäuser, das in der Königgrätzer Straße und noch eines in der Prenzlauer Allee.

Das Haus in der Königgrätzer Straße lag unmittelbar am Anhalter Bahnhof und war fünf Stockwerke hoch. Im Erdgeschoss sollte aber wohl nur nach dem anfänglichen Plan ein Laden eingerichtet werden, denn auf dem Schild stand zwar »J. Gönczi und Co.«, und bis zur Decke stapelten sich Kartons, aber was man von außen durch die Fensterscheiben nicht sehen konnte – sie waren leer. Alles Attrappen.

Gönczi fand dort nicht nur zum Schein passende Räume für sein Geschäft, sondern auch eine kriminelle Idee, die er eiskalt in die Tat umsetzte. Er hatte sich schnell das Vertrauen der beiden Frauen erschlichen, die ihn nach kurzer Zeit zum Verwalter des Hauses machten. Das sollte ihnen das Leben kosten.

Am 14. August 1897 schritt er zur Mordtat, die beiden Frauen waren am Vormittag dieses Tages das letzte Mal gesehen worden.

Lieferanten und Nachbarn sagte Gönczi, dass Frau Schultze und ihre Tochter eine Reise nach Paris haben antreten müssen, er müsse jetzt in ihrem Auftrag die Mieten einkassieren. Als Beweis zeigte er Telegramme der Frauen aus Hannover vor, in denen sie ihm verschiedene Anweisungen, z. B. zum Ausbau des Kellers, erteilten. So kam erst gar kein Verdacht auf.

Tage später wurden mehrere Fuhren Sand für die Kellerausbauten angeliefert, die Gönczi selbst in den Keller schaffte. Sogar ein Schutzmann hatte ihn auf dem Bürgersteig angesprochen und angemahnt, den Sand schleunigst zu beseitigen. Als Erklärung gab er an, er schaffe sich einen Weinkeller.

Übler Geruch aus dem Keller und ein Hinweis ihres Bankiers Gumpel, der am Alexanderplatz residierte, dass die beiden Damen ohne Geldmittel seien und er sich wundert, dass sie sich schon neun Tage nicht bei ihm gemeldet hatten (sie hatten ihr ganzes Geld bei ihm deponiert), machte die Polizei darauf aufmerksam, dass etwas nicht stimmen könne.

Die Kriminalpolizei rückte an, und im Keller unter dem Sand fanden sie zwei Kisten, in denen die Leichen von Frau Schultze und ihrer Stieftochter lagen. Mit einem Handbeil waren ihnen die Schädel eingeschlagen worden. Blutspuren führten zum Laden des Wiener Schuhmachers, wodurch klar war, wer als Mörder zu suchen und zu finden sei. Die Wohnung der Opfer war durchwühlt, es fehlten die Wertpapiere, einiger Schmuck und eine kleine Summe in bar.

Gönczi und seine Ehefrau hatten sich aber schon längst mit ihrem Hund, einem kleinen Wolfsspitz namens Butzi, aus dem Staub gemacht. Man ermittelte noch, dass sie sich nach Brüssel begeben hatten, aber von da ab verlor sich jede Spur.

Die Fahndung mittels Steckbriefe in 18 Sprachen lief

weltweit. Den Fotos der beiden Flüchtigen war ein Bild des Wolfsspitzes Butzi beigefügt, der auf einem Salontisch artig sein Kompliment macht.

Zwei Jahre später, im August 1899, konnte wenigstens ein Teilerfolg verbucht werden. Im Ort Curitiba in Brasilien hatte ein Österreicher das Ehepaar samt Wolfsspitz nach dem in einer brasilianischen Zeitung veröffentlichten Steckbrief wiedererkannt, sie hießen jetzt Fönze und hätten sich im Aussehen ziemlich verändert. Aber der Wolfsspitz, den sie jetzt Max riefen, war immer dabei, wenn er sie sah. Aber leider, sie waren inzwischen schon wieder aus der Gegend verschwunden.

Im September 1899 schlug die Staatsmacht dann zu. Dem deutschen Generalkonsul in Rio de Janeiro gelang es, das Ehepaar mit Wolfsspitz ausfindig zu machen und mit Hilfe der brasilianischen Kriminalpolizei verhaften zu lassen. Der Österreicher war mit von der Partie, der den Hund mit seinem richtigen Namen lockte: »Butzi!« Und der Hund sprang, freudig mit dem Schweif wedelnd, auf den Österreicher zu.

Es ist davon auszugehen, dass ohne Butzi die Gönczis im Ausland niemals aufgefallen wären.

Die große Schwurgerichtsverhandlung fand vom 3. bis zum 7. April 1900 vor dem Landgericht I in Berlin statt. Frau Gönczi wurde freigesprochen, da ihr keine Beteiligung an der Straftat nachgewiesen werden konnte. Ihr war nicht einmal der merkwürdige Fluchtweg aufgefallen, als sie vom Bahnhof Berlin-Friedrichstraße nach Frankfurt an der Oder aufbrachen – sie wusste nämlich nicht, wo Brüssel liegt. Die Flucht nach Brüssel kann wirklich nicht als gradlinig bezeichnet werden: Sie reisten über Cottbus, Halle, Köln und Aachen dorthin.

In der Beweisaufnahme konnte festgestellt werden, dass Gönczi einige Tage vor der Mordtat nach Hannover gefahren war, um dort zwei Depeschen an sich selbst aufzugeben.

Gönczi selbst, damals 47 Jahre alt, inszenierte seine Auftritte mit großem Wortschwall. Er versuchte, dem im Hause wohnenden Gastwirt Hinz die Tat in die Schuhe zu schieben sowie einem mysteriösen Handlungsreisenden aus Brüssel mit Namen Löwy. Nach seiner Darstellung hätten die beiden Streit mit den beiden Frauen gesucht und sie dann in seiner Gegenwart umgebracht. Aus Angst, dass Gönczi des Mordes bezichtigt werden würde, habe er an der Beseitigung der Leichen mitgewirkt und sei mit Frau und Hund nach Brüssel geflohen.

Nur einmal während des Prozesses verließ ihn seine ureigene Geistesgegenwart. »Kennen Sie den Läufer?«, fragte ihn der Landgerichtsdirektor, als der Gerichtschemiker einen blutbefleckten Teppichstoff ausgebreitet hatte, der hinter dem Ladentisch in der Königgrätzer Straße lag. »Darauf fiel ja die Frau hin, als sie …«, antwortete Gönczi. Er stockte verwirrt und setzte hinzu: »So sagte mir Löwy.«

Gönczi wurde wegen Doppelmordes und Raubes zum Tode verurteilt und hingerichtet. Bis zuletzt soll er sich für das Schicksal seines Hundes interessiert haben – den der Generalkonsul aber schon für die Rechnung des preußischen Fiskus in Brasilien verkauft hatte.

Über das weitere Schicksal Butzis ist nichts bekannt.

Karl Hermann

In der Spur

(1901)

Vor 100 Jahren, ohne weltweite Kommunikation per Internet, war es sehr schwierig, den Aufenthalt von flüchtigen Personen festzustellen. Wenn ein Detektiv, ein Rechtsanwalt oder ein Geschäftsmann einen Betrüger suchte, kaufte er sich daher ein Heftchen von Karl Hermann mit dem etwas gestelzten Titel: »Wie ermittelt man den Aufenthaltsort verzogener oder verschwundener Personen (abgereist, unbekannt wohin?) im In- und Auslande oder Der Privatdetektiv«. Folglich »Ein Rat- und Hilfsbüchlein für Rechtsanwälte, alle Credit gewährenden Fabrikanten und Kaufleute, Reise-Geschäfte, Warenabzahlungshäuser und dergl.«, erschienen 1901 im Verlag Gustav Weigel in Leipzig. Ein Verleger, dessen Familienname ein bisschen nach Finanzminister klingt …

Auf ganzen 23 (in Worten dreiundzwanzig) Seiten gibt der Autor Tipps zum Aufsuchen Verschollener, die er aufgrund langjähriger praktischer Erfahrungen zu geben imstande ist, wie er im Vorwort beschwört. Mit Karl Hermann also in der Spur. Und warum der ganze Aufwand? Auch darüber erfahren wir einleitend etwas: »In unserer Zeit, in der die Sesshaftigkeit der Bevölkerung infolge der großartigen Entwicklung der Verkehrsmittel eine andere ist als zu unserer Väter Zeiten, kommt fast jeder Geschäfts- und auch mancher Privatmann in die Lage, nach dem Verbleib einer verzogenen oder verschollenen Person Nachforschungen anstellen zu müssen.«

Kriminaltaktische Besonderheiten, Listen und Tricks werden nicht vermittelt, dafür aber die Struktur des polizeilichen Meldewesens in Deutschland, wo es nicht einheitlich geordnet ist, in den deutschen Kolonien, in Österreich, der Schweiz und anderswo. Auf dem »platten Lande«, liest man, gab es in der Regel andere Ansprechpartner als in den Städten, wo, wie in Preußen, Kgl. Polizeipräsidien und -direktionen existierten. War der Flüchtige nach Österreich entschwunden, empfahl Hermann für die Korrespondenz mit der Behörde die Anrede »An die löbliche k. k. Polizeidirektion zu ...«, hatte er sich in Richtung Ungarn und Siebenbürgen in die deutschsprachigen Teile abgesetzt, sollte die Adresse »An die löbliche Stadtmannschaft in ...« lauten. Löblich war auch sein Hinweis, unbedingt das Porto für die Rückantwort beizulegen, und zwar in solchen Marken, »welche in dem betreffenden Gebiet kursieren«. Nun, wenigstens in diesem Punkte ist man heute, zumindest was Deutschland betrifft, schon einheitlicher, so dass man relativ günstig seine Steuerbetrüger suchen kann, es sei denn, sie haben ihr Geld in der Schweiz angelegt.

Das sich an die allgemeinen Belehrungen anschließende praktische Beispiel ist aufschlussreich und spannend wie ein Krimi. Der Kaufmann Heinrich Schneider aus Niederfinow wird aus einem unerfindlichen Grunde (vielleicht eine »Schneider-Pleite«) von einem Herrn Gustav Becker gesucht. Aus Niederfinow wird Letzterem vermeldet, dass Schneiderlein nach Berlin durchgebrannt ist. Die Spur verliert sich im Nichts, weil sich der Verschollene »unbekannt wohin abgemeldet« hat, wie das hauptstädtische Einwohnermeldeamt kurz und knapp mitteilt.

Ein Bruder des Kaufmanns hilft dann dem Gläubiger aus dem Schneider: letztmalige Nachricht des Vermissten aus Hamburg! Rasch nach Hamburg geschrieben, postwendend (offenbar war auch das Porto korrekt beigelegt!) kommt als Antwort: »Der Angefragte ist am 28. April 1901 mit dem Dampfer ›Bavaria‹ nach New York abgereist.« Zum Schluss leistet das Kaiserl. Deutsche Generalkonsulat zu New York Beistand, das rein zufällig die Top-Adresse von Pleiten-Schneider abgespeichert hat: Brooklyn N. Y. 32 Broadway! Da fand man ihn dann sicherlich wie weiland Jürgen Schneider in Miami / Florida.

In der Mitte der Schrift findet man noch ein Adressenverzeichnis der Auskunftsstellen und den ungemein wichtigen Portoüberblick. Am teuersten waren damals Anfragen bei den städtischen Polizeiverwaltungen Mohrungen und Saalfeld O / P (jeweils eine Mark), am billigsten beim Magistrat in Arnstadt, bei den städtischen Polizeiverwaltungen in Liegnitz und Erfurt, beim Stadtrat zu Gotha und beim Gemeindevorstand in Weimar (je 15 Pfennige). Aber es gab auch Beamtenstuben, die umsonst Auskunft erteilten, wie das gebührenfreie Großherzogliche Polizeiamt Gießen.

Nun war in dem schmalen Bändchen noch einiges zu bedrucken, und Gustav Weigels Verlagsbuchhandlung pries pfiffigerweise weitere eigene aktuelle Werke an: »Wie treibt man am leichtesten seine Außenstände ein?« von Brown's, die »Praktische Anleitung zur regelmässigen Kontrolle und Einziehung von Aussenständen auf aussergerichtlichem Wege« von A. Friedländer, Dr. Ulms Bestseller »Der kundige Steuer-Reklamant gegen alle direkten Staats- und Gemeindesteuern«.

Alles in allem ein schlagender Beweis, dass schon vor 100 Jahren nicht nur wegen der mangelnden Sesshaftigkeit der Bürger die Zahlungsmoral mies war. Aber warum sollen Detektive dies beklagen? Schließlich verdienen sie daran.

Die Aufenthaltsermittlung von gesuchten Missetätern oder vermissten Personen ist auch heute manchmal nicht einfach. Michael Rottmann zum Beispiel, der der Treuhand in Berlin im Auftrag der Schweizer Firma Chematec den Berliner Wärmeanlagenbau (WBB) in der Wallstraße für schlappe zwei Millionen DM aus dem Kreuz geleiert hatte, war jahrelang auf der Flucht – und unauffindbar.

Für diese zwei Millionen hatte er sich Immobilien im Wert von 120 Millionen DM sowie 153 Millionen DM auf Firmenkonten eingeheimst. Nachdem der Kauf perfekt war, wurde Rottmann auf wundersame Weise Firmenchef, der nur bestrebt war, Millionen aus seiner neuen Firma auf Konten von Briefkastenfirmen in Vaduz (Liechtenstein) zu transferieren; bekanntlich in ein Paradies, in dem sich Wirtschaftskriminelle aus aller

Welt tummeln. Schließlich landeten die Millionen via Liechtenstein auf Rottmanns Privatkonten.

Derart saniert, führte Rottmann ein Luxusleben auf Firmenkosten, während seine 1 400 WBB-Mitarbeiter allesamt auf der Straße landeten. Und das, obwohl er hoch und heilig versprochen hatte, 750 Arbeitsplätze zu erhalten. Allein vier Millionen Mark kostete seine bescheidene 1 200 m^2 große Wohnung in der WBB-Zentrale in der Berliner Wallstraße.

Dann war Rottmann wie vom Erdboden verschwunden, und es hieß erst, dass er in der Karibik auf einer Luxusyacht herumschippert, wo er vor der Staatsanwaltschaft sicher ist. Danach hatten Zielfahnder des Bundeskriminalamts Rottmann wahrscheinlich in Südafrika entdeckt, und zwar als Martin Selenight, der nach einem Weingut suche.

Schließlich wurde der Betrüger im September 2000 bei London verhaftet. Offensichtlich war er unvorsichtig geworden: Er schickte bis zu seiner Verhaftung wöchentlich über einen Schweizer Telefonknotenpunkt muntere E-Mails an seine deutschen Freunde.

Rottmann wurde im Dezember 2009 vom Berliner Landgericht zu der lächerlichen Strafe von drei Jahren und neun Monaten Gefängnis verurteilt, denn von sieben Tatvorwürfen seien mittlerweile zwei verjährt und zwei eingestellt worden, teilte damals das Gericht mit. Weil die Aufenthaltsermittlung ziemlich lange gedauert hatte …

Über eine besonders couragierte Form der Aufenthaltsermittlung berichteten die Zeitungen im Februar 1997: »Täglich verlassen rund 300000 Fahndungsaufkleber auf Milchtüten die Abfüllstraßen der Köln / Wuppertaler Milchwerke in Köln. Diese Aktion, mit der in Absprache mit dem Landeskriminalamt in Zukunft aktuell per Milchtüte im Rheinland vermisste Kinder ausfindig gemacht werden sollen, ist eine private Initiative.«

Da kann man nur hoffen, dass mit dieser einmaligen Aktion alle verlorengegangenen Milchgesichter aufgespürt werden konnten.

Wilhelm Voigt

Der Hauptmann von Köpenick

(1906)

Die Geschichte des Hauptmanns von Köpenick wird sogar auf den Seychellen erzählt. In aller Welt steht sie als Paradigma für deutschen Untertanengeist. Mit seiner unverfroren-schneidigen Aktion demaskierte Wilhelm Voigt, der falsche Hauptmann, ungewollt den deutschen Militär- und Obrigkeitsgeist. Wilhelm der II. soll mit der Verhaftung des Ersten Bürgermeisters der Stadt Köpenick, damals noch vor den Toren Berlins gelegen, im Jahre 1906 sehr zufrieden gewesen sein, ließ sie doch erkennen, »wie fabelhaft die Leute zu parieren gelernt haben«.

Seit dieser Zeit verkörpert der Bürgermeister Dr. jur. Georg Langerhans das, was die bundesdeutsche Ministerialbürokratie heute noch zum obersten Ziel ihrer Bildungsarbeit erklärt.

Genau gegenüber dem Haus Lange Straße 88 in Berlin-Friedrichshain, in dem der multiple Mörder Karl Grossmann (»Die Bestie vom Schlesischen Bahnhof«) sein Unwesen bis zu seiner Verhaftung 1921 trieb, stand das Haus Lange Straße 22, das ebenfalls Kriminalgeschichte geschrieben hat. Hier wohnte – illegal – Wilhelm Voigt, der legendäre Hauptmann von Köpenick.

Aus Berlin ausgewiesen und in Rixdorf (heute Neukölln), Kopfstraße 27, bei der älteren Schwester, Frau Menz, gemeldet, zog er Anfang September 1906 als Schlafbursche nach O 17 (Friedrichshain) zum Ehepaar Karpeles in die Lange Straße 22 in den vierten Stock, nahe bei seiner Anstellung in der Pantoffelfabrik »Viereck«.

Aber diese »rechtswidrige Existenz« sollte nicht von Dauer sein. Voigt schmiedete hier in Friedrichshain den Plan für sein Ganovenstück am 16. Oktober 1906, das ihn in der ganzen Welt berühmt machen sollte.

Mit einer am 8. Oktober beim Trödler Remlinger in Potsdam gekauften Hauptmannsuniform und zweier am Schießstand Plötzensee abkommandierter Wachmannschaften machte er sich mit der Bahn auf nach Köpenick, um das dortige Rathaus zu besetzen, den Bürgermeister Langerhans und den Stadtkassenrendanten von Wiltberg zu verhaften. Er ließ sich 4000 Mark aus der Stadtkasse per Quittung aushändigen und verschwand, während die Mannschaften mit den Arretierten nach Berlin fuhren.

Wilhelm Voigt, am 13. Februar 1849 in Tilsit geboren, hatte schon fast 30 Jahre seines Lebens wegen des Fälschens von Postanweisungen, Diebereien und Betruges hinter Gitter verbracht. Immer wieder versuchte er, eine Wohnung und Arbeit zu finden, aber da er an vielen Orten mit Bleibeverbot belegt war, gelang ihm das nicht. So ließ er sich etwas gegen die Beamtenlogik einfallen, nach der derjenige keine Aufenthaltserlaubnis erhielt, der Wohnung und Arbeit nicht nachweisen konnte und umgekehrt.

Der falsche Hauptmann hatte jedoch großes Pech. Da sich im Rathaus Köpenick keine Passstelle befand, war auch die benötigte Aufenthaltserlaubnis dort nicht zu bekommen.

Die Kriminalbeamten im Polizeipräsidium am Alexanderplatz fahndeten auf Hochtouren. Als Erstes gaben sie einen Steckbrief heraus und setzten eine Belohnung von 2000 Mark aus. Zweitens nahm man alle »schweren Jungs« unter die Lupe, denen man eine Tat von solcher Kühnheit zutrauen konnte. In die engere Wahl kam der 57-jährige Schuster Wilhelm Voigt. Die Verdachtsmomente gegen ihn verdichteten sich, als einer seiner früheren Mitgefangenen aussagte, Voigt habe geäußert, nach seiner Freilassung werde er »eine Sache mit dem Militär« drehen. Recherchen ergaben, dass sich Wilhelm Voigt in Wismar an der Ostseeküste aufhielt und dort eine Beschäftigung bei einem Hofschuhmeister gefunden hatte.

Eine Fotografie brachte die Kriminalbeamten dann auf die richtige Spur. Wilhelm Voigt hatte die Unvorsichtigkeit begangen, seinem alten Arbeitgeber in Wismar eine Fotografie zu schicken, die ihn und seine Schwester zeigte. Anhand dieser Fotoaufnahme erkannten Bürgermeister Langerhans und all die anderen Beamten des Köpenicker Rathauses den falschen Hauptmann wieder, der sie so überzeugend hereingelegt hatte. Ruchbar wurde jetzt auch, wo zu suchen war, nämlich bei Frau Menz unter obiger Adresse.

Das Haus von Frau Menz in Rixdorf sowie das benachbarte Gebäude, in dem die Arbeiterin Frau Riemer, die als Geliebte des Hauptmanns galt, ein Zimmer hatte, wurden umstellt. Doch umsonst, Wilhelm Voigt war nicht aufzuspüren. Aber man konnte nach eingehender Befragung von Frau Menz feststellen, dass er bei einem Ehepaar Karpeles in Berlin, Lange Straße 22, Unterschlupf gefunden hatte.

Am 26. Oktober 1906, kurz nach 8 Uhr morgens, besetzte eine große Anzahl Schutzpolizisten und Kriminalbeamter alle Ausgänge und das Dach des Hauses. Dann drangen sie in den Mansardenraum ein, in dem sich Voigt, so wie es die Karpeles angaben, befinden sollte. Die Beamten stürmten die Mansarde mit geladenen und entsicherten Schusswaffen und schrien ihm aufgeregt zu, sich zu ergeben. Aber Wilhelm Voigt hatte ohnehin nicht vorgehabt, Widerstand zu leisten. Während die Beamten zunächst vermeinten, einen richtigen Gangster zu jagen, waren sie nun überzeugt, dass dieses verhärmte Männchen mit seiner krummen Körperhaltung eigentlich harmlos war.

Wilhelm Voigt bat um die Erlaubnis, sein Frühstück beenden zu können. In der Zwischenzeit durchsuchten die Beamten Voigts Kammer, fanden u. a. 2000 Mark sowie einen Kavalleriesäbel, den er aber bei seinem Coup nicht verwendet hatte, weil er zur Gardeinfanterieuniform nicht passte.

Wilhelm Voigt schilderte in seinem Lebensbericht die Situation in der Langen Straße 22 an diesem Tage wie folgt: »Die Polizeibehörde war, als sie mich in meiner Wohnung aufsuchte, noch keineswegs davon überzeugt, dass ich wirklich der Hauptmann von Köpenick wäre. Ich wurde deshalb in freundlicher Weise gebeten, zwecks einer Unterredung mit nach dem Polizeipräsidium zu kommen.«

Der falsche Hauptmann wurde also von der Langen Straße ins Polizeipräsidium gebracht. Er war in den Verhören erst gesprächig, als man ihm eine halbe Flasche Portwein spendierte. Man war außerordentlich erstaunt, zu hören, dass der Schuster Wilhelm Voigt, der als Inbegriff des befehlsgewohnten Offiziers erschienen war, nie beim Militär gedient hatte. Die Kenntnisse der Kommandos und die schnarrende Art, sie zu artikulieren, hatte er sich bei seinem Onkel in Tilsit angeeignet, der gegenüber einer Kaserne das Schusterhandwerk betrieb. Auch beim Austragen der Stiefel lernte er die Sprechgewohnheiten, die Mimik und Gestik der Militärpersonen, besonders der höheren Ränge, kennen.

Vom 30. November bis zum 1. Dezember 1906 fand vor der 3. Strafkammer des Landgerichts II in Moabit der Prozess statt (übrigens im gleichen Saal 700, in dem 16 Jahre später der Prozess gegen den Massenmörder Karl Grossmann stattfinden wird). Wilhelm Voigt wurde wegen schwerer Urkundenfälschung, öffentlicher Freiheitsberaubung, Betruges und unbefugten Tragens einer Uniform zu vier Jahren Gefängnis und zum Ersatz der Gerichtskosten verurteilt.

Er musste aber nicht lange im Gefängnis schmoren. Wilhelm II. begnadigte ihn schon am 15. August 1908. Nach seiner Haftentlassung kam es in Rixdorf um die Kopfstraße 27 zu einem Menschenauflauf: Alle wollten den Hauptmann von Köpenick sehen!

Sein Vermögen aus Spenden und Zuwendungen betrug damals schon 40 000 Mark. Die Frau des Passage-Kaufhausbesitzers Wolff Wertheim bewilligte ihm eine Jahresrente. Wilhelm Voigt reiste zu Vorträgen durch die Lande und hatte schließlich so viele Mittel, um sich in Luxemburg zur Ruhe zu setzen. Hier erlebte er den Durchmarsch der deutschen Truppen nach Frankreich im Ersten Weltkrieg, hier starb er 1922. Er wurde auf demselben Friedhof beerdigt, auf dem später auch der berühmte Hochstapler Harry Domela seine letzte Ruhestätte fand. Eine Grabplatte spendierte 1961 der Circus Sarrasani.

Einem solchen kleinen sympathischen Gauner setzte die Kunstszene viele Denkmäler. Das Theaterstück *Der Hauptmann von Köpenick* von Carl Zuckmayer (1931), ein Historienstück und eine Realsatire mit antiautoritärer Tendenz, muss besonders hervorgehoben werden. Ebenso berühmt wurde der gleichnamige Film mit Heinz Rühmann als Hauptmann, den Helmut Käutner 1956 drehte.

Das Grab des Ersten Bürgermeisters von Köpenick, Georg Langerhans, ist übrigens erhalten und kann auf dem Friedhof der St.-Laurentius-Gemeinde in der Köllnischen Vorstadt in Berlin-Köpenick besucht werden. Aber es ist wie im wirklichen Leben. Um die Opfer kümmert sich niemand, nur die Täter sind interessant …

Eine gute Idee hatte Bernd Matthies in einer Glosse für die Zeitung *Der Tagesspiegel* am 13. Januar 2013, der die Eröffnung des Flughafens in Schönefeld 2020 live miterlebt. »Schuster-Wilhelm-Voigt-Airport« heißt der Flughafen nun zur Erinnerung an den legendären Hauptmann von Köpenick, der »keine Chance hatte, aber sie entschlossen nutzte«, wie Platzeck sagte, »also in jenem Geist handelte, der auch diesen Flughafen ermöglichte«. (Bernd Matthies: »Hey, das hebt ab! Bernd Matthies hat die Eröffnung des Flughafens 2020 live miterlebt«. In: *Der Tagesspiegel,* 13. Januar 2013.)

Thomas Rücker

Zwischen Altona und Blankenese

(1906)

Als der Vorortzug 1360 Hamburg-Altona-Blankenese am 10. November 1906 gegen 16 Uhr in den Bahnhof Blankenese eingelaufen war, fand ein Schaffner im Abteil der II. Klasse den bewusstlosen Zahnarzt Dr. Claußen mit zertrümmertem Schädel. Das Opfer, dessen Wertsachen (goldene Uhr nebst Kette, Portemonnaie, Brieftasche, mehrere Schlüssel, Handtasche) fehlten, starb in den Armen des herbeigerufenen Mediziners: Raubmord! Die Tat konnte nur während der kurzen Fahrzeit von etwa 15 Minuten auf der Strecke Altona-Blankenese geschehen sein.

Der Verdacht fiel schnell auf einen gut gekleideten jungen Herrn, der in Klein Flottbek um eine Nachlösekarte bat – mit blutigen Händen. Auf die Frage des Bahnhofsassistenten, warum er blutige Hände habe, antwortete der Mann: »Ja, ich habe Nasenbluten gehabt.«

Die Personenbeschreibung des Bahnmitarbeiters war so gut, dass Kriminalbeamte den 17-jährigen arbeitslosen Gärtnergehilfen Thomas Rücker rasch auf seiner Altonaer Schlafstelle festnehmen konnten. Als er aufstehen und nach dem Kriminalbüro mitkommen musste, befiel ihn ein Zittern. Thomas Rücker, geboren am 28. Dezember 1888 in Hartmanitz, Bezirkshauptmannschaft Schüttenhofen in Böhmen, katholisch, seit drei Wochen ohne Arbeit, bestritt zunächst die Tat.

Blutflecken an der Kleidung, Pelerine und Schlipsnadel, wie im Signalement beschrieben, und die im Sofa versteckte Uhr des Opfers beseitigten die letzten Zweifel an Rückers Schuld: Er gestand die Tat ein: »Ich will jetzt die Wahrheit sagen. Ich habe den Mord begangen. Ich hatte kein Geld mehr. Ich hatte schon immer geplant, jemanden im Eisenbahnzug zu überfallen, um Geld zu erhalten.«

Tatsächlich hatten sich im Portemonnaie des Opfers 160 Mark befunden. Später gab der Strafgefangene Rücker zu seinem Personalblatt die unterschriftlich vollzogene Erklärung ab: »Raubmord aus Not. Da es mir nicht möglich war, Arbeit zu finden, und ich auch nichts mehr zum Leben hatte, entschloss ich mich, mir auf diese Art Geld zu verschaffen.« Thomas Rücker wurde am 12. Januar 1907 in Altona »wegen Mordes im rechtlichen Zusammentreffen mit Raub« zu 15 Jahren Gefängnis verurteilt.

Zur Tat selbst hatte Rücker ausgesagt: Er beschloss, den Raub auf der Strecke zwischen Altona und Blankenese auszuführen, weil sie ihm am günstigsten schien. Auf dem Hauptbahnhof Altona erkundete er, dass der Zug, der um 3.33 Uhr nachmittags von Altona abging, am besten passen würde. Der Zug war relativ leer, und Rücker vermutete, dass ein Kaufmann oder ein anderer wohlhabender Mann nach Blankenese herausfahren würde.

Aus der Küche der Wirtsleute, des Ehepaars Kossmann, entwendete er das Tatwerkzeug. Das Beil steckte er in die Hose, und zwar oben am Leibe entlang, so dass die Schneide an seinem Leibe ruhte und der Stiel in der Hose nach unten hing. Die Schneide wurde durch den Leibriemen festgehalten, den er um die Hose trug.

Sein späteres Opfer sah er schon im Schalterraum: ein anständig gekleideter Herr mit einer Ledertasche an der Hand. Rücker löste schnell eine Karte II. Klasse nach Groß Flottbek und eilte dann nach der Sperre, um zu sehen, in welches Abteil der Herr einstieg. Rücker stieg ebenfalls in dieses Abteil ein, weil dieser Herr allein dort saß und Zeitung las. Bis kurz vor Groß Flottbek fehlte ihm der Mut zur Tat. Jetzt stand er auf, stellte sich mit dem Gesicht zum Fenster, so dass der Herr nicht sehen konnte, wie Rücker langsam das Beil aus der Hose herauszog. Dann drehte er sich schnell um, sprang auf ihn zu und schlug ungefähr zehnmal mit der scharfen Seite des Beils blindlings auf sein Opfer ein, welches in sich zusammensank.

Als der Zug in Groß Flottbek hielt, hatte er ihn noch nicht beraubt. Um zu verhindern, dass jemand einstieg (jedes Abteil hatte seine eigene Tür), stellte er sich an das Fenster der Bahnsteigseite. In der Tat hatte ein Mädchen beobachtet, dass ein junger Mann am Fenster stand, der Blutspritzer auf der Stirn hatte. Der Zug fuhr wieder an, und Rücker nahm seinem Opfer die Wertgegenstände ab; das blutbefleckte Beil steckte er auf eben beschriebene Weise wieder in die Hose.

Der Zug hielt in Klein Flottbek, und der Mörder stieg

aus. An der Bahnsperre sagte er dem Beamten, dass er zu weit gefahren sei. Dieser schickte Rücker zum Stationsvorsteher, dem das Blut an den Händen auffiel.

Nach der Tat schrieb er zur Ablenkung einen ziemlich einfältigen Brief an die Polizei in Altona in verstelltem Deutsch: »Ich haben heut eine Mann auf Bahn tot gemacht. – Warum? Weil sein auswiesen worden kein Geld haht. – Ich waren gut verkleidet. Der Mörder.« Der Brief trug den Stempel: Hamburg 10. 11. 06. 7–8 N.

Am folgenden Tag wollte Herr Kossmann Holz zerkleinern und vermisste sein Beil. Er fragte Rücker, ob er das Beil habe. Dieser gab das Werkzeug in aller Ruhe zurück und erklärte, er habe es zum Öffnen der Schublade im Schrank gebraucht, die klemmte. An diesem Sonntag sah er auch die roten Plakate mit der Auslobung: Es waren 2000 Mark Belohnung ausgesetzt. Als Rücker die Personenbeschreibung las, wusste er, dass man ihn erwischen werde.

Um seine Angst zu betäuben, ging er in ein Bordell und für vier Mark mit einem Mädchen auf ihr Zimmer; er war jedoch unfähig, den Beischlaf auszuüben. Auch ihre »Hilfe« (wie sie in der späteren Zeugenvernehmung ausdrückte) nützte nichts. Bei einem nächsten Versuch für 20 Mark klappte es auch nicht.

Kriminalistisch und juristisch bot der Fall Rücker keine Schwierigkeiten. Was ihm eine größere Publizität verschaffte (Friedländer: *Interessante Kriminalprozesse Band I 1910*; Wulffen: *Psychologie des Verbrechens Band II 1908*), waren seine Eigenarten und sozialen Hintergründe.

Der Raubmord war Anlass, dass in der Folgezeit auf dieser Vorortbahn nur noch Durchgangswagen fuhren. Die Zivilklage, die von den Hinterbliebenen des Opfers gegen den preußischen Eisenbahnfiskus wegen Zahlung einer Haftpflichtsrente angestrengt wurde, hatte übrigens Abweisung erfahren (Urteil des Reichsgerichts vom 22. Oktober 1908).

Rücker war ein Eigenbrötler, der gern Violine spielte, Alkohol verachtete und zum Philosophieren neigte. Im Verlaufe des Prozesses sind Selbstgespräche bekannt geworden: »Auch der Mensch ist ein Uhrwerk, was aufgezogen wird. Ich bin auch aufgezogen, und ich gehe, weil ich gehen muss.« Der Mangel an Fleiß ließ ihn überall scheitern. In den Beurteilungen war er durchweg »bummlig«, »gänzlich unbrauchbar« und »lümmelhaft«. Unter seinen Büchern fand man einen Detektiv-Roman von Nick Carter, in dem ein Raubmord im Eisenbahnzug beschrieben wird. Schnell waren die Gutachter dabei, den Plan zur Mordtat aus der Detektivlektüre abzuleiten.

Im Gefängnis bekam er langatmige, häufig überschwängliche Trost- und Erbauungsepisteln völlig unbekannter Frauen, die ihn »herzlich liebgewonnen« hatten und als sein »Patenkind« ansahen: »Wenn Sie einstmals frei sind, steht Ihnen mein Haus offen.«

Der vom kriminalistischen Standpunkt nicht besonders schwierige Fall wurde in kurzer Zeit gelöst; das Gerichtsverfahren fand zwei Monate (!) nach der Tat statt. Das lag wohl auch daran, dass dieser ungewöhnliche Raubmord im Eisenbahn-Coupé die Öffentlichkeit stark beunruhigte und derlei Verbrechen damals relativ selten waren, so dass die Polizei konzentriert ermitteln konnte. Heute wäre die Strafsache Rücker ein Fall von vielen. Aber die sozialen Hintergründe für derartige Taten reichen bis in die heutigen Tage.

Heinrich Röder

Tod der Hexe!

(1907)

Am 16. Januar 1907 erstattete die ledige Natalie Eck in Brotterode in Thüringen Anzeige. Sie sei am Vorabend von einem ihr nicht bekannten Mann auf der Straße überfallen und mit einem Knüppel durch kräftige Schläge auf den Hinterkopf und mehrere Schläge auf den rechten Oberschenkel misshandelt worden. Sie flüchtete in großer Angst. Der Täter habe sie verfolgt und gerufen: »Wenn ich dich kriege, schlage ich dich tot, ich mache mich unglücklich an dir!« Natalie Eck konnte sich aber in einer Gastwirtschaft vor dem Angreifer schützen.

Der Täter konnte zweifelsfrei und schnell ermittelt werden. Er hieß Heinrich Röder, war am 9. Januar 1857 geboren, evangelisch, und er arbeitete als Tagelöhner.

Heinrich Röder gab unumwunden zu, Natalie Eck am Abend des 15. Januar 1907 mit einem Schippenstiel misshandelt zu haben. Er versuchte aber, die Schwere seiner Tat abzumildern, und gab eine für diese Zeit, in der das Mittelalter schon lange zurücklag, hanebüchene Erklärung ab.

Sein sechs Jahre alter Sohn Hugo bekam vor Weihnachten Kopfläuse und außerdem ein schlimmes Auge.

Was das Auge betraf, konnten auch die Ärzte nicht so richtig helfen – die Entzündung wurde immer schlimmer.

Da der elfjährige Sohn der im Hause wohnenden Witwe Elisabeth Münch ebenfalls auf unerklärliche Weise erkrankt war, nahmen Heinrich Röder, seine Frau und die Witwe an, dass ihre Kinder von einem bösen Weibe behext worden seien.

Sie versuchten nun, herauszubekommen, wer die böse Hexe sei, und gingen am 11. Januar um Mitternacht mit ihren Kindern über verschiedene Kreuzwege des Ortes mit dem Ziel, die Hexe zu finden. Denn wenn ihnen um diese Zeit eine »Frauensperson« begegnet wäre, wüssten sie angeblich mit Sicherheit, dass sie die Hexe sei. Diese Aktion war aber erfolglos gewesen.

Am 15. Januar machten sie sich nachts wieder auf den Weg, allerdings diesmal ohne die Kinder. Das Wetter war sehr schlecht. Vorher »räucherten« sie in ihrer Wohnung. Sie verbrannten verschiedene Kräuter wie Wacholder, Kümmel und Baldrian, die Elisabeth Münch besaß, auf einer Kohlenpfanne. Sie wussten, dass dadurch die Hexe mit großer Kraft angezogen wird. Kurz vor Mitternacht verließ das Dreier-Team sein Wohnhaus auf der sogenannten Höhe in Brotterode, gleich gegenüber dem Kasino.

Mittlerweile wussten offenbar einige im Ort, dass sich Heinrich auf die Hexenjagd begeben hatte, denn kurz nachdem sie das Haus verließen, riefen ihm die Zigarrenarbeiter Otto und Wilhelmine Roßbach, die im Nachbarhaus aus dem Fenster schauten, zu, dass sich die Hexe soeben im Kasinogarten hinter einem Wagen versteckt hat.

Der Hexenjäger eilte dorthin und sah eine Frau, die dort mitten in der Nacht zusammengekauert saß; in der Dunkelheit erkannte er sie aber nicht. Da sie nur so dasaß und keinen Laut von sich gab, so später Röder in seiner Vernehmung, schlug er mit einem Schippenstiel, den er für alle Fälle von zu Hause mitgenommen hatte, mehrmals heftig auf sie ein. Röder verlangte von seiner Ehefrau eine Laterne, damit er die Hexe richtig sehen könne. Aber die Frau sprang auf, flüchtete an Röder vorbei die Straße hinab – und gab immer noch keinen einzigen Laut von sich.

Die Verfolgung endete in der Schneiderschen Gastwirtschaft am Marktplatz. Der Angreifer kochte vor Wut, weil er der festen Überzeugung war, dass das die Hexe war, die seinem Sohn so viel Leid zugefügt hatte.

In seiner späteren Vernehmung räumte er ein, dass er bei diesem ganzen Vorfall laut geschrien hatte. »Ich schlage dich tot, ich mache mich unglücklich an dir!« – ja, das hatte er von sich gegeben. Er räumte ferner ein, nach der Rückkehr von seiner Verfolgung zu dem Kaufmann Lebrecht Brand, der im Kasino aus dem Fenster guckte, geäußert zu haben: »Wenn ich sie nur totgeschlagen hätte!«

Aufgrund des Geständnisses von Röder, das sich mit den Aussagen der Zeugen voll deckte, wurde durch den Ersten Staatsanwalt zu Meiningen gegen Röder Anklage erhoben, weil er sich der Körperverletzung mit einem gefährlichen Werkzeug, der »Bedrohung mit der

Begehung des Totschlags« sowie ruhestörenden Lärms schuldig gemacht hatte.

Das Schöffengericht zu Brotterode verhandelte und hatte den Angeklagten, ein paar Zeugen und die Geschädigte zu vernehmen. Es wurde schnell offenkundig, dass der Hexenglaube noch tief in Brotterode und Umgebung verwurzelt war. Frau Röder, die Ehefrau, hatte sich in Waltershausen bei einer Frau Erdmann Rat geholt, die erklärte, dass an dem armen Hugo eine Hexe hänge und ihr böses Spiel mit ihm treibe. Elisabeth Münch gab an, dass sie ganz genau wüsste, wie man Hexen bekommen könne. Auch die Eheleute Roßbach hätten aus dem Fenster munter gerufen: »Schlagt sie tot!«

Das Gericht verurteilte Heinrich Röder zu einer Gesamtstrafe von vier Monaten und fünf Tagen Gefängnis und blieb damit unter dem Antrag des Amtsanwaltes. Zusätzlich hatte Röder eine Geldstrafe von zehn Mark zu zahlen, der verletzten Natalie Eck wurde auf ihren Antrag hin eine Buße von 50 Mark zugesprochen.

Der Angeklagte legte Berufung ein und monierte die Höhe der Strafe, so dass die Zweite Strafkammer des Landgerichts zu Meiningen die Sache noch einmal verhandeln musste. In ihrer Entscheidung vom 10. April 1907 minderte sie die Gefängnisstrafe auf drei Monate und fünf Tage.

Heinrich Röder freute sich, doch es blieb der bittere Beigeschmack, dass hier für einen versuchten Mord oder Totschlag eine außerordentlich milde Strafe ausgesprochen worden ist. Als Mindeststrafe wären ein Jahr und drei Monate Zuchthaus möglich gewesen.

Vielleicht waren die Richter auch noch nicht ganz frei vom Hexenwahn.

Denn der sozial gefährliche Hexenglaube war zu dieser Zeit in den deutschen Landen weitverbreitet, und »weise Frauen«, die die abergläubische Bevölkerung in diesen Fragen berieten, gab es noch zuhauf. »So kann man auch aus diesem Prozess die Lehre entnehmen«, schrieb der Jurist und Kriminalpsychologe Albert Hellwig, »dass es angebracht ist, mit schärferen Repressivmaßnahmen, als dies bisher geschehen ist, gegen dieses gefährliche Gelichter einzuschreiten.«

Und Natalie Eck? Sie hatte doch letztlich Glück gehabt, denn ein paar Hundert Jahre früher, und sie wäre prompt als Hexe gefoltert und verbrannt worden. 60 000 bis 80 000 Opfer gab es in drei Jahrhunderten, und die Hälfte der Hexenverfahren in Europa fanden in Deutschland statt, im protestantischen Mecklenburg allein 4 000!

Löblich ist, dass auch heute noch an diese armen Frauen gedacht wird. So hat die Stadt Fürstenwalde im Brandenburgischen Anfang 2013 eine Straße nach einer als Hexe angeklagten und hingerichteten Frau benannt. Dorothea von Reppen lebte im 16. Jahrhundert in der Stadt; im Jahr 1566 wurde sie nach einem Hexenprozess vermutlich verbrannt. Mit dem Dorothea-von-Reppen-Weg soll an sie stellvertretend für alle Frauen erinnert werden, die als Hexe verfolgt und grausam vernichtet wurden.

Professor Guilio Canella

Ein Doppelgänger zum Verlieben

(1923)

Ein Doppelgänger ist ein Mensch, der entweder schizophren ist oder jemandem zum Verwechseln ähnlich sieht. Dieser Jemand kann als eineiiger Zwilling bekannt oder, im anderen Fall, unbekannt sein. Im letzten Fall ist man irgendwann überrascht, eine ähnlich aussehende Person zu treffen, oder Verwandte, Freunde und Bekannte teilen einem mit, dass man einen Doppelgänger hat. Schlimm wird's, wenn sich der Doppelgänger einen Platz im öffentlichen Leben erobert hat. Je nach Bekanntheitsgrad, Ansehen oder Aussehen dieser Person kann das nun wieder gut oder belastend sein.

Daneben gibt es das Doppelleben, die Doppelehe und das Doppelwesen. »Wir sind wie alle anderen Doppelwesen. Wir leben in einer historischen Zeit, die eines Tages vielleicht die Zeit der Doppelmenschen genannt wird. Ich habe immer ein Doppelleben geführt…«, kann man bei Louis Aragon in seinem Roman *Die Viertel der Reichen* lesen. Er hielt diese drei Sätze für so bedeutend, dass er sie noch einmal in seinem Roman *Spiegelbilder* abdrucken ließ.

Wenn wir ohnehin Doppelwesen sind, scheinen Doppelgänger ja irgendwie auch etwas ganz Normales zu sein. Oder gar ein Segen, denn man kann mit ihm, vom eigenen Körper getrennt, auch einmal andere Lebenswege gehen. Oder mit ihr, aber dann haben wir es mit einer Doppelgängerin zu tun.

Selbst in der Kriminalistik spielt der Doppelgänger zuweilen eine Hauptrolle, und zwar in positiver als auch in negativer Hinsicht.

Wird man versehentlich als Täter wiedererkannt, weil man so ähnlich aussieht, also ein Doppelgänger des wirklichen Verbrechers ist, hat man schlechte Karten. Viele Justizirrtümer beruhen auf dieser Verwechslung, vor allen Dingen dann, wenn die Strafrichter von psychologischen Hintergründen wenig oder keine Ahnung haben, was ja ziemlich oft vorkommen soll. Es gibt auch Fälle, in denen das Doppelgängertum bewusst und schöpferisch von Ganoven eingesetzt wird. Dann geht der Zwillingsbruder mal eine Zeitlang in den Knast, oder er lässt sich vom Richter verknacken, weil der andere noch Coups zu erledigen hat oder wegen Vorstrafen schlechter wegkommen würde.

Bei der Erarbeitung eines Phantombildes oder einer Personenbeschreibung tritt der Doppelgänger nun in einer Glanzrolle auf. Denn wenn ein Augenzeuge sagt, dass die Person, die am Tatort gesehen oder bei dem Verbrechen beobachtet wurde, wie ein Verwandter, Bekannter, Schauspieler oder Politiker aussah, zumindest eine große oder gewisse Ähnlichkeit mit diesem hat, dann leuchten die Augen des Kriminalisten regelmäßig, weil er im Sinne einer Gruppenbestimmung schon sehr verlässliche Daten besitzt, die zum Beispiel zu Fahndungszwecken gut genutzt werden können. Heikel wird's nur, wenn es gar kein Doppelgänger war, sondern der Politiker selbst …

Doppelgänger von Politikern haben es oft schwer, da sie meistens wegen der grassierenden Verdrossenheit der Bürger wie ihre Originale in einen schlechten Ruf geraten. Dass Doppelgänger aber auch sympathisch sein können, beweisen einige Fälle aus der Kriminalgeschichte. Zum Beispiel der Fall des Hauptmanns Professor Guilio Canella aus Turin.

1923 hielt man auf einem Friedhof in Turin einen Mann an, ohne Ausweispapiere und ohne Erinnerungen, wer er sei und woher er komme. Er wurde in die Irrenanstalt von Collegno gebracht, sein Foto in der Zeitung veröffentlicht. Alsbald meldete sich Frau Canella, die ihren geliebten Ehemann, der an der mazedonischen Front als vermisst gemeldet wurde, erkannt hatte. Die beiden wurden gegenübergestellt, und nach einigen dramatischen Szenen unter Erledigung der vorgeschriebenen Formalitäten nahm sie ihn mit nach Hause. Das Zusammenleben gestaltete sich durchaus harmonisch, auch wenn Canellas Erinnerungen an verflossene Zeiten wie weggeblasen waren.

Das wäre bestimmt ein Leben lang gut gegangen, wenn nicht Frau Bruneri aus Florenz im März 1925 auch ihren verschollenen Ehemann zufällig in einer alten Zeitung entdeckt hätte. Bis 1931 zog sich das Identifizierungsverfahren hin, denn beide Frauen behaupteten, dass der auf dem Friedhof Aufgegriffene ihr

Angetrauter war. Und der schwor Stein und Bein, der Professor Canella zu sein.

Die Sache flog erst auf, als er narkoanalytisch befragt wurde. Im Dämmerschlaf erzählte der Lügenmeister sein wahres Leben, denn er war tatsächlich der vorbestrafte Mario Bruneri aus Florenz. Im Wachzustand widerrief er zwar das Geständnis, aber Bruneri wurde am 1. Mai 1931 durch das Appellationsgericht zu Florenz zu fünf Jahren Gefängnis verurteilt, nach einem Jahr aber amnestiert. Frau Canella verlangte ihren geliebten Mann zurück, mit dem sie nach ihren Aussagen nun schon fünf Kinder hatte, wovon drei aus der Periode nach ihrem »Wiedersehen« stammten.

Sie heirateten und lebten glücklich und zufrieden bis an das Ende ihrer Tage.

Käthe Hagedorn

Irrweg des Eros

(1926)

Der Fall der Käthe Hagedorn ist ein Leuchtturm in der Kriminalgeschichte, weil man bis zu ihrer Tat annahm, dass pädophile Sadisten nur als männliche Verbrecher vorkommen. Käthe Hagedorn belehrte die Wissenschaft, dass im Ausnahmefall auch Frauen solche Missetaten begehen können.

Käthe Hagedorn wurde im März 1908 als einziges Kind eines Lebensmittelhändlers in einer Arbeiterstraße in Duisburg geboren. Sie wurde in der Tat noch bis zum 18. Lebensjahr wie ein Kind gehalten, durfte abends niemals allein auf die Straße gehen und schlief bis zu diesem Zeitpunkt noch mit den Eltern in einem Bett oder wenigstens in einem Raum, während im anstoßenden, durch keine Tür abgetrennten Raum ein Untermieter auf dem Sofa übernachtete. Die Eltern brauchten das Geld und vermieteten daher die Schlafstatt an einen Arbeiter.

Mit 18 Jahren wirkte Käthe noch wie eine 14-Jährige, sie war unreif, im Denken zurückgeblieben, durch die elterliche Erziehung, die wohl auch aus Prügeln bestand, sehr verschüchtert.

Käthe las ausschließlich Kriminalromane, hatte ein

wenig Klavier spielen gelernt – und wollte mit 15 Jahren einmal Filmschauspielerin werden. Insgesamt galt sie als gutmütig, ja, gefühlvoll und kinderlieb, wobei ihre Neigung auch eine kleine Unterströmung hatte, denn sie fühlte sich zu kleinen Mädchen sexuell hingezogen, ohne aber ausgesprochen gleichgeschlechtlich veranlagt zu sein.

Der 24. Juni 1926 war ein sehr heißer Sommertag. Käthe stand am letzten Tage ihres monatlichen Unwohlseins, wie man es früher pietätsvoll ausdrückte. Und das ganze körperliche Ereignis war bei diesem jungen Mädchen mit Erregungszuständen verbunden.

Von der Mutter hatte sie die Erlaubnis erhalten, im Angerbach zu baden. Auf der Straße traf sie zufällig die Kinder Käthe und Fritz, die bei ihr im Hause wohnten und die sie sehr gern hatte. Sie gingen zu dritt zur Rehwiese, auf der sie für den Namenstag des Vaters der sechsjährigen Käthe Blumen pflücken wollten. Die ältere Käthe hatte eine Schere bei sich.

Den Plan, zu baden, hatte Käthe Hagedorn schnell aufgegeben, auf dem Weg zur Rehwiese will sie, wie sie später aussagte, ein »dumpfes Gefühl« gehabt haben – und einen Tag zuvor ihren ersten Orgasmus. Auch von den damaligen Kindermorden in Breslau will sie gehört haben.

Käthe schickt den kleinen Fritz unter einem Vorwand in den nahen Buchenwald, umklammert dann das kleine Mädchen, wirft es zu Boden und vergreift sich an ihm unzüchtig. All das geschieht auf der offenen Waldwiese. Um die Kleine am Schreien zu hindern, stopft sie ihr Sand und Laub in den Mund, greift, weil die Gegenwehr zu groß ist, nach der ins Moos gefallenen Schere und sticht auf den Hals des Opfers los, so dass die Schlagader getroffen wird.

Da kommt der ältere Knabe, sieht das Vorgefallene und droht durch Geschrei, Spaziergänger auf diese ungeheure Tat aufmerksam zu machen. Käthe nimmt ihn auf den Arm, trägt ihn ein Stück von der Leiche fort und sticht ihn ebenfalls in Ekstase in die Halsschlagader.

Doch damit nicht genug. Sie läuft in einer Art Rauschzustand zwischen beiden Leichen hin und her, vor allen Dingen, um das Blut noch herausströmen zu sehen. An der toten kleinen Käthe schnippelt sie mit der Schere an der Pulsader herum. Dann bedeckt sie die Leichen mit Laub und Gras, wäscht sich im Angerbach die Hände und flüchtet vom Ort des Geschehens.

Zu Hause wechselt sie in aller Eile die blutbefleckten Kleider und fährt mit der Straßenbahn zum Duisburger Hauptbahnhof. Sie nimmt sich ein Taxi und bedeutet dem Fahrer, dass sie nach Krefeld fahren will. Hier lässt sie den Chauffeur in einem Café ohne Bezahlung sitzen, nimmt sich ein zweites Taxi und lässt sich zur holländischen Grenze fahren. Fahrer und Käthe essen im Wirtshaus eines Dörfchens. Nach der Mahlzeit setzt sich Käthe an das Klavier und improvisiert eine Phantasie. Ein abermaliger Versuch, ohne Bezahlung zu verschwinden, misslingt, und Käthe Hagedorn wird wegen Betruges festgenommen. Inzwischen trifft die Beschreibung der Bluttäterin ein.

Im Strafprozess stritten die Gutachter über eine verminderte Zurechnungsfähigkeit der Angeklagten. Menstruationspsychose, Epilepsie, pathologischer Sexualrausch und Affekt wurden als Erklärungen in Stellung gebracht. Staatsanwalt und Gericht schlossen sich dem Gutachter an, der die verminderte Zurechnungsfähigkeit bejahte. Die Angeklagte wurde wegen Sittlichkeitsverbrechens und zweifachen Totschlags zu insgesamt acht Jahren Gefängnis verurteilt.

Erich Wulffen hat 1929 in seinem bahnbrechenden Buch *Irrwege des Eros* den Fall tiefgehend analysiert: »Der Fall Hagedorn hat eine sehr ernste soziale Seite: Er ist auch ein Stück Zermürbung der Menschenseele durch die Gesellschaft. Solange diese ihre Gestaltung nicht zu wandeln vermag, kann immer – leider immer! – eine Käthe Hagedorn auftreten. Und Philister und Gelehrte sollen sich nicht wundern und hoffnungslos an den Kopf greifen, wenn es geschieht!«

Wulffen war es auch, der mit einem Zitat von Jakob Wassermann aus dem Roman *Der Fall Maurizius* die Dialektik der Psyche betonte; der Schriftsteller ahne hier sehr richtig die These von der Psychologie des Gegensatzes und des Kontrastes. Der Sträfling Maurizius sagte an der besagten Stelle zum Oberstaatsanwalt Andergast: »Ich weiß noch, dass ich mit 19 Jahren von einer ›Tristan‹-Aufführung als seliger neuer Mensch nach Hause ging und zu Hause meinem Vater 20 Mark aus der Kommode stahl. Beides war möglich. Immer war beides möglich … dass man einen armen Schneidermeister um seinen Lohn prellte und vor einer Raffaelschen Madonna in Verzückung stand. Dass man sich im Theater von Hauptmanns ›Webern‹ erschüttern ließ und mit Genugtuung in der Zeitung las, dass auf Streikende im Ruhrgebiet geschossen wurde. Immer war beides möglich.«

Käthe Hagedorn war gutmütig, weich und kinderlieb, und wurde doch zu einer grausamen Mörderin.

Paul Krantz

Der Schülermord von Steglitz

(1927)

Es ist eine wahnsinnig spannende Geschichte aus Liebe und Eifersucht, aus seelischer Erschütterung und jugendlichem Übermut, aus romantischer Verklärung und Weltschmerz. Es ist eine Geschichte, die erzählt von einer verheuchelten sittlichen Fassade in der Zeit nach dem Ersten Weltkrieg, von konventioneller Scheinmoral und von lebensfeindlicher Starrheit einer Gesellschaft, wie sie auch Frank Wedekind 1891 in seiner Kindertragödie *Frühlings Erwachen* zu anderen Zeiten erzählt hat.

Vor mehr als 90 Jahren, in den Morgenstunden des 28. Juni 1927, spielte sich in der Steglitzer Hochparterre-Wohnung des Kaufmanns Otto Scheller an der Albrechtstraße 72 C in Berlin ein fürchterliches Drama ab, bei dem der Oberprimaner Günther Scheller und der Kochlehrling Hans Stephan aus Friedenau starben. Die Kriminalpolizei fand die beiden Jugendlichen tot im Schlafzimmer der Schellers vor und ging zunächst davon aus, dass Günther Scheller den verhassten Kochlehrling und sich dann selbst erschossen hatte. Doch nach siebenmonatiger (!) Voruntersuchung kam die Staatsanwaltschaft zum Schluss, dass der 18-jährige

Oberprimaner der Oberrealschule Berlin-Mariendorf (seit 1930 Eckener-Oberrealschule) Paul Krantz (1909–1983), ein Mitschüler von Günther Scheller, der in der Wohnung zur fraglichen Zeit anwesend war, mit größter Wahrscheinlichkeit der Mörder sei. Also erhob sie Anklage, und es kam im Februar 1928 vor dem Schwurgericht am Landgericht Berlin II in Moabit zum Aufsehen erregenden Prozess gegen Paul Krantz wegen zweifachen Mordes, der Verabredung zum Mord und des verbotenen Waffenbesitzes. Ihm drohte die Todesstrafe.

Die verträumte Landgemeinde Steglitz, als Vorort von Berlin ursprünglich im Kreis Teltow des preußischen Regierungsbezirkes Potsdam gelegen, war erst 1920 ein Stadtteil von Groß-Berlin und nun durch diese Bluttat weltberühmt geworden. Sogar Korrespondenten aus Japan hatten sich zum Prozess in Moabit eingefunden, Reporter aus vielen Ländern saßen im dichtgedrängten Gerichtssaal und wollten den wohl bekanntesten Kriminalfall der Weimarer Republik live erleben.

Paul Krantz, aus armen Verhältnissen kommend, wohnte in Berlin-Mariendorf und fiel schon frühzeitig als besonders intelligent und kreativ auf. In der Volksschule galt er als »ungewöhnlich begabt«, so dass er 1919 ausersehen wurde, »als Renommierstück der Volksschule eines der ersten Versuchskaninchen der neuartigen Begabtenförderung zu werden« – wie er in seinem Buch *Erinnerungen eines Deutschen* aus dem Jahre 1971 schreibt. Es wurde scharf gesiebt, denn der eigentliche Zweck bestand ja darin, den Zustrom der Proletenkinder auf ein absolutes Minimum einzudämmen.

Bis zum Juni 1927 hielt es Paul Krantz trotz aller Schikanen vor allen Dingen der Mitschüler aus der besseren Gesellschaft an der Oberrealschule aus – mit ausgezeichneten Leistungen und Schulgeldbefreiung. Er machte dort die Bekanntschaft mit dem Schüler Günther Scheller und später mit dessen Schwester Hildegard, mit Spitznamen Männe, die auch aus einem begüterten Kaufmannshaus stammten. So tauchte Paul Krantz in eine ihm eigentlich fremde Welt ein.

Das Ehepaar Scheller befand sich mit der siebenjährigen Tochter auf einer Geschäftsreise in Stockholm und hatte in seiner Sommerwohnung in Mahlow im Süden Berlins ihren Sohn Günther und Paul Krantz zurückgelassen, während Hildegard in Berlin verblieb. Hildegard fuhr dann auch nach Mahlow, wo Günther ihr »den begabten Dichter« Paul vorstellte. Paul und Hildegard verbrachten eine Liebesnacht auf der Schellerschen Sommerresidenz, zwei Tage vor der Katastrophe.

In dieser Nacht und in diesem Stück führte es also vier Hauptpersonen in der Steglitzer Albrechtstraße nicht zufällig zusammen: Hildegard Scheller, Männe, 16 Jahre alt, die sich mit dem Kochlehrling im elterlichen Schlafzimmer vergnügte, was Günther Scheller aber nicht wissen durfte, denn Hans Stephan aus Friedenau hatte ihn bei seinem Vater wegen einer Sittlichkeitsaffäre angeschwärzt. Und natürlich Paul Krantz, der Mordangeklagte. Zu verschiedenen Zeiten tauchte noch die Freundin der Hildegard in einer Nebenrolle auf: Ellinor Ratti, eine geborene Italienerin, ebenso frühreif und lasziv wie Hildegard.

Vor Gericht wurden die Ereignisse minuziös aufgerollt. Paul und Günther ertränkten in der Schellerschen Wohnung ihren Liebes- und Weltschmerz in Obstwein und Likören. Ellinor beteiligte sich an dem trübseligen Umtrunk und ließ sich abwechselnd von beiden küssen, ging dann aber nach Hause. Paul und Günther tranken sich in einen Zustand wilder Verzweiflung, Günther war erbost über die vermutete Anwesenheit seines Feindes Hans, Paul in lodernder Eifersucht auf den Nebenbuhler in Hildegards Schlafzimmer. Am Ende fassten sie den Entschluss, gemeinsam Selbstmord zu verüben und die beiden Liebenden mit in den Tod zu nehmen. Und eine Waffe hatte Paul ja mitgebracht …

Gegen sieben Uhr lief die Situation vollends aus dem Ruder. Günther verschaffte sich Eingang in das Schlafzimmer und entdeckte den Kochlehrling Hans, der sich in der Nische zwischen Kleiderschrank und Wand hinter einem Badetuch versteckt hatte. Erschoss er ihn und dann sich selbst? Hildegard und Ellinor, die ihre Freundin zur Schule abholte, hörten jedenfalls die tödlichen Schüsse aus nächster Nähe und fanden die beiden Toten in ihrem Blute liegen, und Paul kniete neben der Leiche von Günther. »Mörder!«, schrie Hildegard Paul ins Gesicht, aber der erklärte sofort: »Ich war es nicht, Günther hat geschossen!«

Vieles sprach aber gegen Paul. Dass er den Revolver nur zum Schutz mitbrachte, gab er unumwunden zu. Er gehörte dem Jungdeutschen Orden an, dessen Mitglieder wiederholt von politischen Gegnern angegriffen worden seien.

Viel schwerer wogen aber für die Staatsanwaltschaft zwei Briefe, die auf dem Schellerschen Küchentisch gefunden worden waren. Der eine, von Günther unterschrieben und von Paul mit einem Zusatz versehen, war »An das Weltall« gerichtet: »Liebes Weltall! Ein einziges Stück des Organismus vergeht. Sei nicht böse darüber. Du wirst den Verlust einer Zelle kaum als Verlust empfinden. Die Zeit rollt weiter. Was bedeutet so ein bisschen Leben? Ein kurzer aufleuchtender Schein in der Welt, dann Staub und Asche. Wir werden die letzten Konsequenzen ziehen. In diesem Moment werden Hans Stephan und Männe durch unsere Hand sterben. Wir beide, Günther und ich, werden lächelnd aus dem Leben scheiden.« Im zweiten Brief, nur von Paul unterschrieben, nahm er von einem Freund Abschied: »Fritz, ich erschieße erst Hilde, dann Günther, während Günther den Hans Stephan zuerst erschießen wird. Das ist die volle Wahrheit. Lache nicht. Denke daran, dass mein Schritt die letzte Konsequenz eines vom Leben Getöteten ist. Günther ist vollkommen einverstanden und grüßt Dich wie ich zum letztenmal.«

Doch Paul hatte trotz der angeblich erdrückenden Beweislage Glück. Sein Verteidiger Dr. Dr. Erich Frey (1882–1964) war von seiner Unschuld überzeugt und machte den Prozess zu einem Meilenstein der deutschen Justizgeschichte. Wesentlich war u. a. das Gutachten des psychologischen und pädagogischen Sachverständigen Prof. Dr. Eduard Spranger (1882–1963), des Autors der bekannten Schrift *Psychologie des Jugendalters* (1924): »Es ist meiner Meinung nach beinahe niemals möglich, die Psyche des Jugendlichen in Einklang zu bringen mit der Fassung eines juristischen Paragraphen … Das Nachzittern seines ersten Liebes-Erlebnisses, der Alkohol und der mangelnde Schlaf – das alles bestimmt die aufgeregte Situation. Nie ist die Rede von Mord, sondern immer nur von einer Art erweitertem Selbstmord. Wenn Paul und Günther an das ›Weltall‹ schreiben, ist es halb ernst und halb Theater.«

Spranger, in dessen Erziehungstheorie sich kulturphilosophische Ideen mit den besonderen Erlebnisweisen von Jugendlichen verbinden, wertete die vorgefundenen Briefe nicht als Tatvorsatz; jugendliches Verhalten unter den Umständen der Tatnacht sei als vorübergehendes aufflammendes Handeln zu verstehen, das jegliche Konsequenz vermissen ließe. Mit solchen Aussagen wurden Anstöße für ein eigenes Jugendstrafrecht gegeben.

Verteidiger Frey wiederum fasste all diese Überlegungen in seinem Plädoyer glänzend zusammen: »Die Anklage ist die Konstruktion eines wunderbar ausgebildeten Juristenhirns. Mit der Psyche eines Jugendlichen ist sie jedoch nicht in Einklang zu bringen.«

Paul Krantz wurde wegen verbotenen Waffenbesitzes zu einer durch die Untersuchungshaft verbüßten Gefängnisstrafe von drei Wochen verurteilt.

»Dieser Fall«, so Erich Frey später, »der die Gemüter in der ganzen Welt aufwühlte, war für mich mehr als ein Sensationsprozess. Auch hier ging es, wie oft, um den Kopf eines Menschen. Aber mehr noch ging es um seine Seele. Ich kämpfte für Paul Krantz, den Angeklagten, wie ich für meinen eigenen Sohn gekämpft hätte.«

Und was ist aus den Überlebenden geworden?

Hildegard Scheller soll einen anderen Namen bekommen haben, verließ das Oberlyzeum Berlin-Mariendorf am 1. Juli 1927. Sie legte in einem ausländischen Töchterpensionat die Abschlussprüfungen ab, was ihr den Zugang zu einer Laufbahn als Bibliothekarin eröffnete. Die Eltern hatten genügend Geld, sie aus der Schusslinie zu nehmen, denn sie sollte zur Hauptdarstellerin eines Films über ihr Schicksal gemacht werden. Gerade Hildegard ist im Moabiter Prozess vom Landgerichtsvorsitzenden Dust verschärft vernommen worden unter Einbeziehung emotionaler und sexueller Details, um vor allen Dingen die Frage zu beantworten, ob sie noch Jungfrau sei. Dadurch war sie das Lieblingsobjekt der lüsternen Klatschpresse geworden und ebenso bekannt wie der Angeklagte.

Theodor Lessing (1872–1933) schreibt in seiner genialen Gerichtsreportage: »Eine Woche lang hat Moabit aus diesem Kindertrauerspiel einen Sensationsprozess gemacht. Indes hundert Literaten ihre klugen Federn, hundert Lichtbildner ihre Dunkelkammern bemühten, haben Richter, Lehrer, Erzieher, Seelenforscher, ohne schamrot zu werden, keimende Jugend betastet, nackend ausgezogen, viviseziert, ausgepresst. Ausgepresst durch jene Fragemartern, die die Erfahrung der alten Generation stellt, eine durchwegs verderbte und schon seelenhässlich gewordene Erfahrung, die die Jugend nicht besitzt …«

Die menschenverachtenden Vernehmungsmethoden veranlassten den Deutschen Reichstag und den Preußischen Landtag, sich mit der skandalösen Prozessführung zu beschäftigen. Das Ergebnis war eine Reform der Jugendgerichtsbarkeit (»Lex Hilde«).

Paul Krantz konnte ebenfalls nicht in Berlin bleiben. Er besuchte als Stipendiat die Odenwaldschule Ober-Hambach und legte am 7. September 1929 am Hessischen Realgymnasium zu Darmstadt (heute Georg-Büchner-Schule) das Abitur ab. Dann studierte er in Frankfurt am Main Germanistik, Soziologie und Pädagogik, dort schloss er sich kommunistischen Zirkeln an. Seine herausragende Dissertation »Die Gestalt des jungen Menschen im deutschen Roman der Nachkriegszeit« wurde nach der faschistischen Machtübernahme nicht mehr angenommen. Sein 1931 erschienener Roman *Die Mietskaserne* landete in Berlin zwei Jahre später bei der Bücherverbrennung mit auf dem Scheiterhaufen. 1933 floh er, weil er wegen kommunistischer Tätigkeit polizeilich gesucht wurde, nach Frankreich, wurde hier ein anerkannter Schriftsteller und Essayist – in französischer Sprache. 1939 interniert, gelang ihm 1941 die Flucht nach New York, und er wurde Literaturprofessor an den Universitäten in Oklahoma und Milwaukee. Sein neuer Name: Ernst Erich Noth.

Erich Frey, der auch Serienmörder wie Fritz Haarmann verteidigt hatte, floh 1933 nach Paris und 1939 nach Chile, wo er in Santiago verstarb. Er war nicht nur ein Staranwalt, er war Fachschriftsteller und Autor diverser Theaterstücke. Seine Autobiographie *Ich bean-*

trage Freispruch (1959) ist außerordentlich lesenswert. Und Ellinor Ratti? Sie ist dem Justizwesen treu geblieben und wurde Protokollantin an einem Berliner Gericht.

Vom Krantz-Prozess gibt es faszinierende Gerichtsreportagen, so die schon erwähnte »Kindertragödie« von Theodor Lessing und Slings (d. i. Paul Schlesinger, 1878–1928) psychologisches Meisterwerk »Mordprozess Krantz«. Erich Salomon (1886–1944, im KZ Auschwitz ermordet), einer der Begründer der Gerichtsfotografie, führt uns mit seinen heimlich gemachten Aufnahmen authentisch in den Landgerichtssaal: Paul Krantz mit seinem Verteidiger und im Verhör, Hildegard Scheller auf der Zeugenbank, Ellinor Ratti bei ihrer Vernehmung, Erich Frey während seines Plädoyers. Und wir sehen die Pressebank im Landgerichtssaal und verstehen, warum Tausende Artikel über diesen Prozess in alle Welt geschickt wurden.

Künstlerisch ist der Stoff mehrfach adaptiert worden. Annette Hess und Alexander Pfeuffer schrieben ein sehr schönes Hörspiel für DeutschlandRadio Berlin: *Was nützt die Liebe in Gedanken* (1997), Arno Meyer zu Küingdorf dichtete den poetischen Roman *Der Selbstmörder-Klub* (1999).

1929 wurde der Fall erstmalig von Carl Boese unter dem Titel *Geschminkte Jugend* verfilmt. Der zweite Film von Regisseur Max Nosseck und Produzent Axel Alexander mit gleichem Titel (1960/61) floppte, weil die Sittenwächter der Freiwilligen Selbstkontrolle der Filmwirtschaft den Streifen nur für Erwachsene freigaben. Der Film »bietet sich geradezu als Musterbeispiel für eine Beeinträchtigung der Erziehung zur gesellschaftlichen Tüchtigkeit an«, hieß es in der tugendhaften Begründung. Es saßen wohl alte Damen in der Kommission, die sich noch an den Fall und die sexuellen Ausschweifungen der Akteure genau erinnern konnten. Der dritte Film mit dem Hörspiel-Titel und mit Daniel Brühl und August Diehl in den Hauptrollen (Regie: Achim von Borries) kam 2004 ins Kino und war ein ziemlich großer Erfolg.

Die Steglitzer Schülertragödie fasziniert zeitlos, weil Jugend und Sexualität, Liebe und Eifersucht, Mord und Selbstmord immer Themen sein werden, die die Menschen berühren und ihre emotionalen Grenzen überschreiten lassen.

Al(phonse) Capone

Interview auf dem elektrischen Stuhl

(1931)

Im muffigen Haus Navy Street 95 in Brooklyn als Sohn italienischer Einwanderer 1899 geboren, begann Al(phonse) »Scarface« (»Narbengesicht«) Capone seine kriminelle Karriere als Rausschmeißer im New Yorker Tanzlokal *Harvard-Inn*. Bei einer Auseinandersetzung verletzte ihn ein ziemlich aggressiver Gast mit dem Messer an der Wange; dieser Narbe verdankte er seinen Spitznamen, den er ein Leben lang trug.

Als der Boden schließlich zu heiß wurde, entschwand er nach Chicago, wo er in den 20er Jahren dank Prohibition zum erfolgreichsten Bandenführer aller Zeiten avancierte. Mit Alkoholschmuggel, Bordellen und Glücksspielen häufte er ein riesiges Vermögen an. Verbindungen zu Politik, Polizei und Justiz sowie seine uneingeschränkte Herrschaft nicht nur über die Chicagoer Unterwelt nutzte er äußerst geschickt, und mancher Konkurrent musste mit dem Leben bezahlen.

Bestimmte Mordverfahren bereicherten sogar die Kriminalwissenschaften, die ja die verschiedenen Begehungsweisen analysieren. Am 10. November 1924 besuchten drei Killer, von Capone beauftragt, den härtesten Konkurrenten O'Banion in seinem Blumenladen, der als Aushängeschild diente. Der kleinwüchsige Albert Anselmj schüttelte dem Blumenladenbesitzer jovial die Hand, und der hochgewachsene John Scalise schoss ihm gleichzeitig in den Kopf. Die Wissenschaft klassifizierte dieses Verfahren als »handshake murder« (Handschlagmord).

Bis heute weiß niemand genau, wie viele Morde »Scarface« verübte oder in Szene setzte. Mindestens 100 mutmaßte damals die Polizei, doch es gelang nicht ein einziges Mal, ihn unter Mordanklage zu stellen. Auch das Massaker am St. Valentinstag (14. Februar 1929), an dem Al Capone in einer Garage sieben Mitglieder der auf Alkoholschmuggel spezialisierten Dion-O'Banion-Gang liquidieren ließ, konnte ihm nicht nachgewiesen werden.

Bei derartigem Lebenswandel musste sich Al zwangsläufig selbst vor Attentaten schützen. »General Motors« konstruierte ihm ein Spezialauto mit einer Karosserie aus Panzerplatten, kugelsicheren Scheiben und einem eingebauten Gewehrschrank hinter den Rücksitzen. Sogar die Heckscheibe war versenkbar, damit die Verfolger während der Fahrt unter Beschuss genommen werden konnten.

Al Capone überlebte alle Anschläge, wurde schließlich 1931 wegen Steuerhinterziehung (nicht wegen Mordes!) zu elf Jahren Gefängnis, 80 000 Dollar Bußgeld und zur Zahlung der Gerichtskosten verurteilt. Ein kleiner Steuerbeamter hatte herausgefunden, dass der zum »Staatsfeind Nr. 1« hochstilisierte Capone nie einen Cent Steuern gezahlt hatte.

Von den elf Jahren saß er acht Jahre ab. In der ersten Haftanstalt, dem Cook County-Gefängnis in Chicago, ließ er es sich erst einmal richtig gutgehen wie in einem vornehmen Lexington Hotel. Er hatte eine riesige Zelle und viele Vergünstigungen, konnte warmes Essen von zu Hause empfangen und bestach den Gefängnisdirektor. Sein »Unternehmen« leitete er eben nun von einem anderen Ort aus. Capone spielte im Knast Tennis und gab auf dem elektrischen Stuhl lockere Interviews. Seine neapolitanischen Ahnen hatten ihm nämlich ein starkes Empfinden für noble Gesten vererbt. Als am 5. Dezember 1933 die Prohibitionsgesetze aufgehoben wurden, wäre »Scarfaces« Karriere ohnehin beendet gewesen.

Die letzten fünf Gefängnisjahre verbrachte er in Amerikas sicherstem Gefängnis auf der berüchtigten Felseninsel Alcatraz bei San Francisco. Hier ging es mit seiner Gesundheit rasch bergab.

Auf seinem »Ruhesitz« in Miami starb Al Capone im Alter von 48 Jahren am 25. Januar 1947 an den Spätfolgen der Syphilis, die er sich in Jugendjahren im Bett einer Prostituierten zugezogen hatte. Ein Jahr vor seinem Tod hatte ein Arzt bei dem einst so brillanten Obergangster nur noch das Denkvermögen eines Zwölfjährigen diagnostiziert.

Sein relativ bescheidenes Wohnhaus in Chicago, 7244 South Prairie Avenue, sollte nach der Vorstellung der Denkmalbehörde sogar einmal eine historische Sehenswürdigkeit werden. Ein Vorhaben, das aber abgeschmettert worden ist: Man dürfe keine notorischen

Kriminellen verherrlichen. Seine Frau und die Mutter Capones haben bis 1953 in der South Prairie Avenue gelebt.

Capone avancierte noch zu Lebzeiten zum Urtyp aller Gangsterfilme und -romane. Schon 1933 kam der erste Film mit dem Titel *Scarface* in die Kinos – von Howard Hughes, und seit dieser Zeit kehrt er immer wieder auf die Leinwand zurück. Die Hollywoodgrößen Robert de Niro und Al Pacino haben Al Capone verkörpert. Das Massaker am Valentinstag ist ein außerordentlich beliebter Filmstoff, und man findet es sogar in Billy Wilders unsterblicher Komödie *Manche mögen's heiß* aus dem Jahre 1959. Auch der Schriftsteller Dashiell Hammet orientierte sich in den Romanen *Bluternte* und *Der gläserne Schlüssel* an Capone, der damit ein amerikanischer Mythos geworden ist.

Nach Capones Tod traten die Epigonen auf den Plan. Werner Gladow zum Beispiel, Kopf der gleichnamigen Nachkriegsbande, wollte der »Al Capone Berlins« werden. Aber an das Original reichte bislang niemand heran.

Auch nicht sein Sohn Albert Francis Capone, genannt Sonny. Am 7. August 1965 wurde die gerade begonnene kriminelle Karriere des 46-jährigen Spätzünders jäh unterbrochen. In einem Supermarkt in Hollywood hatte er zwei Röhrchen Aspirin und eine Radiobatterie geklaut – und wurde erwischt. Das Urteil fiel mit einer Verwarnung mild aus. Sonny schämte sich aber sehr, so aus der Art geschlagen zu sein, und nahm einen anderen Namen an.

Werner Gladow

Der Al Capone von Berlin

(1949)

Die Gladow-Bande war in den Nachkriegsjahren ein Schrecken der ganzen Stadt Berlin. Insgesamt 127 Verbrechen gehen auf ihr Konto, verübt mit beispielloser Brutalität. Geschossen wurde gezielt und rücksichtslos. Allerdings, so meinte Gladow in der Gerichtsverhandlung, er hatte nie die Absicht gehabt, Menschen zu töten – er wollte sie immer nur »kampfunfähig« schießen. »Meine theoretischen Kenntnisse habe ich aus den Büchern von Edgar Wallace«, so sein Eingeständnis. »Al Capone war mein Vorbild. Ich beschloss, immer zuerst zu schießen … Ich beschloss, die amerikanischen Gangsterführer zu übertrumpfen. Man sollte vor mir zittern.«

127 Verbrechen, darunter zwei Morde, 15 Mordversuche, 19 Raubüberfälle und zehn schwere Diebstähle sind die Bilanz des Menschenlebens von Werner Gladow, dem Boss der Bande.

Geboren am 8. Mai 1931, wurde er durch Schwarzmarkt-, Schieber- und Schmugglergeschäfte zu einem gefährlichen Kriminellen. Er war ein Kind seiner Zeit. Er legte mit einem Bündel Tausendmarkscheinen, mit je einem echten Schein oben und unten, erfolgreich

Schmuggler herein und träumte von einer schusssicheren Villa in Berlin-Dahlem und von gepanzerten Wagen für die ganz großen Coups: Bankraub und Überfälle auf Geldtransporte.

Weil er eigentlich ein pfiffiges Kerlchen war und Medizin studieren wollte, war sein Spitzname schnell gefunden: »Doktorchen«. Leider hatte die Berufsberatung in diesen wirren Zeiten nicht funktioniert, so dass er sich vornahm, durch seine kriminellen Machenschaften der »Al Capone von Berlin« zu werden.

Auf dem Schwarzmarkt am Alexanderplatz lernte er seine späteren Bandenmitglieder kennen. Der Kern der Bande bestand aus neun Männern (Helfer und Helfershelfer gab's aber noch ein paar mehr). Viele hatten auch Spitznamen: »Henker-Hannes«, »Bomme«, der »Dicke«, die »Nase«, der »Schnelle« und »Sohni«.

»Sohni« und »Doktorchen« beschließen im April 1948, eine Bande zu gründen, kurz zuvor war der Vater Ernst Gladow als Wachpolizist bei der Polizeiinspektion Lichtenberg, Revier 257, angestellt worden. Eine Browning-Pistole mit sechs Schuss Munition steuert Sohni zur Gründung bei, sozusagen als Mitgift. Werner Gladow ist noch nicht einmal 17 Jahre alt. Weitere Waffen besorgen sie sich durch Überfälle auf Volkspolizisten, die die Sektorengrenze bewachen, und dann schießen sie sich durch das Berliner Leben, ohne erwischt zu werden.

Am 4. November 1948 wird die Bande keck. Sie rauben eine BMW-Limousine im Wert von 20 000 DM, die vor dem Johannishof in NW 7 nahe der Friedrichstraße abgestellt ist. Der Überfall auf eine amerikanische Kaserne steht im Plan, weil sie sich mit amerikanischen Waffen ausrüsten wollen. Der Wagen gehört Artur Pieck (dem Sohn des späteren DDR-Präsidenten Wilhelm Pieck), der damals Personalchef der Deutschen Wirtschaftskommission ist. Sie geben den Plan aber auf, weil sie im Westen von einem Funkwagen verfolgt werden, dessen Besatzung am Nummernschild eine Funktionärslimousine aus dem Osten identifiziert hatte. Erstaunlich ist, dass Artur Pieck den Raub des Autos nicht anzeigt, und dieser Vorfall wird dann auch im Gladow-Prozess keine Rolle spielen. Warum nur?

Am 9. April 1949 passiert der erste Mord – beim Überfall auf das Juweliergeschäft Wockenfuß am Königstor (Straße am Friedrichshain 35). Durch die Alarmanlage aufmerksam geworden, stürzen der Mechaniker Kurt Albers und der Geschäftsführer Bruno Schneider auf die Straße. Gladow schießt und versucht, mit dem Fahrrad zu fliehen. Bruno Schneider wird tödlich getroffen, Albers nimmt die Verfolgung auf und erwischt Gladow auf dem Fahrrad, der dem Verfolger erst die Pistole auf den Kopf haut und dann mehrfach in Arme und Beine schießt, so dass Albers ablassen muss.

Nun bewerfen Passanten Gladow mit Steinen, ein Auto verfolgt ihn – bis Gladow durch Schüsse in Kühler und Reifen den Fahrer zwingt, anzuhalten. An der Georgenkirchstraße hat das Fahrrad einen Kettenschaden, so dass Gladow in Richtung Friedrichshain flieht und unterwegs noch seinen Kompagnon »Dieter« aufgabelt, der mit »Nase« beim Überfall mit von der Partie war. Sie entkommen über die Mauer des Krankenhauses Friedrichshain, klettern über Ruinen und Mauerreste und finden schließlich Unterschlupf in einer Ruine in der Landsberger Allee. Mit einem Eisenträger bewaffnet und als Arbeiter getarnt, entkommen sie seelenruhig, während das Gelände des Parks durch die Volkspolizei und sowjetische Militäreinheiten komplett, aber erfolglos abgesucht wird.

Die Bande schießt weiter, raubt, stiehlt und mordet. Bis das Glück sie verlässt. Beim Überfall auf das Lokal *Der Freischütz* in Kaulsdorf erkennt der Sohn der Wirtin das Bandenmitglied Rogasch, über den eine direkte Spur zu Werner Gladow führt.

Auch die Festnahme Gladows ist eine filmreife Aktion. Mehr als zweitausend Leute sollen sich auf der Straße versammelt und dem bunten Treiben zugeschaut haben. Am 3. Juni 1949 rückt also die Polizei zur Schreinerstraße 52 im Stadtbezirk Friedrichshain an, unweit der Frankfurter Allee. Die *Neue Berliner Illustrierte* (NBI) Heft 27/1949, beschreibt die Festnahme außerordentlich plastisch:

»Die Volkspolizei fasst zu. Während ›Bandenmutter Lucie‹ ihrem Sohne die Ziele anweist, kämpft ›Doktorchen‹ Gladow vom Balkon seiner Wohnung Schreinerstraße 52 mit drei Pistolen gegen das Überfallkommando. Zwei Kriminalisten hat er bereits schwer verletzt. Mit Mühe werden sie geborgen. Nach einstündigem Gefecht trifft den Gangster schließlich vom Nachbarfenster aus ein Schuss in den Hals, der ihn zum Aufgeben zwingt, ohne dass es ihm gelungen ist, sich bis zur

Ruinentür durchzukämpfen, die ihm vier Fluchtwege ermöglicht. Die gefährlichste Bande Berlins ist damit erledigt.«

Am 21. März 1950 beginnt der Prozess gegen die Gladow-Bande vor dem Schwurgericht in Ostberlin, aus Platzgründen im Saal der Reichsbahndirektion in der Elsässer Straße (heute Torstraße). Ein Verfahren, das Schlagzeilen in Ost und West macht. Der Andrang des Publikums ist so groß, dass vom Landgericht Berlin »Tages-Ausweise« gedruckt werden müssen, die aus Sicherheitsgründen nur in Verbindung mit dem Personalausweis ihre Gültigkeit haben.

Angeklagt sind Werner Gladow, neun Bandenmitglieder und die 48-jährige Mutter des Hauptangeklagten, Lucie Gladow.

Der angesehene Gutachter Prof. Dr. Waldemar Weimann aus Westberlin, der auch ein Mordopfer Gladows obduziert hatte, soll den Geisteszustand begutachten und führt in seiner Expertise aus: »Gladow stand bei seinen Straftaten auf dieser Grenze zwischen Pubertät und Erwachsensein. Erst seine Weiterentwicklung kann zeigen, ob bei ihm eine seelische Nachreifung möglich ist. Vom ärztlichen Standpunkt kann Gladow also nicht als Erwachsener angesehen werden. Die Anwendung des Jugendstrafrechts ist daher angebracht …«

Weimann wird im Gerichtssaal als westlicher Gutachter niedergeschrien, Rufe wie »Aufs Schafott mit Gladow« erschallen. Das Gericht schiebt seine Expertise zur Seite und stützt sich auf den von den Nationalsozialisten eingeführten Paragraphen 20 des Jugendstrafgesetzes: »War der Jugendliche zur Zeit der Tat sittlich und geistig so entwickelt, dass er einem über achtzehn Jahre alten Täter gleichgestellt werden kann, so wendet der Richter das allgemeine Strafmaß an, wenn das gesunde Volksempfinden es wegen der besonders verwerflichen Gesinnung des Täters und wegen der Schwere der Tat fordert.«

Am 8. April 1950 werden nach 14-tägiger Verhandlungsdauer die Urteile gefällt. Werner Gladow und zwei seiner Mitangeklagten, Kurt Gaebler und Gerhard Rogasch, werden zum Tode durch das Beil verurteilt, die übrigen Angeklagten zu langjährigen Zuchthausstrafen. Frau Gladow wird mangels Beweises freigesprochen.

Mitte April beginnt dann der zweite Gladow-Prozess vor der Fünften Strafkammer des Landgerichts Mitte. Diesmal stehen 46 Angeklagte vor ihren Richtern – Mitläufer Gladows, kleine Räuber und Erpresser, Einbrecher und Hehler, die Mädchen, die Schmiere standen und Konsumenten der Beute waren. Das Durchschnittsalter dieser bunten Gesellschaft beträgt 21 Jahre. Eine Angeklagte, die die Bande mit Äther beliefert hatte und die Hauptabnehmerin der Juwelen war, fiel besonders auf. In einem Gerichtsbericht vom 13. April 1950 von Rudolf Hirsch heißt es: »Ihr Auftreten ist heute kläglich. Die gefärbten Haare waren durch die lange Untersuchungshaft ausgewachsen, von der glanzvollen Räuberzeit des Ehepaars Völpel ist nur der Katzenjammer geblieben.«

Gladow ist der DDR wie sein »großes Vorbild« Al Capone der »Staatsfeind Nr. 1«, der keine Gnade verdient hat. Am 10. November 1950 werden die Todesurteile in Frankfurt an der Oder mittels Fallbeil vollstreckt. Die Guillotine ist eine Dauerausleihe aus Plötzensee; sie steht heute in der Gedenkstätte im Zuchthaus Brandenburg und kann dort besichtigt werden.

Übrigens soll Werner Gladow zu dem Urteil in der Revisionsverhandlung im August 1950, in der er zur zweifachen Todesstrafe zusätzlich eine lebenslängliche und eine 15-jährige Zuchthausstrafe erhielt, gemurmelt haben: »Einmal Kopf ab lass ick mir ja gefallen, aber beim zweiten Mal is det Leichenschändung.«

Hans Hetzel

Schlechtachter Ponsold

(1953)

Der Sachverständige ist nach offizieller Lesart eine *Mater dolorosa:* rosenumkränzt und rein. Die Volksseele wird durch Politik, Industrie und Werbung angehalten, ihn ikonenhaft als einen ehrlichen und lauteren Menschen zu sehen, der sich nie irrt und aufgrund seines Fachwissens unvoreingenommen und selbstlos urteilt.

Der Stoff, aus dem dieses Märchen gemacht wurde, ist aber seit der Dreyfus-Affäre längst zerschlissen. Falsch- und Gefälligkeitsgutachter aller Couleur führen uns heute vor, dass das Sachverständigenwesen dabei ist, zu einem profitablen Geschäft zu mutieren. Mitunter sogar nach dem Motto von Karl Kraus: »Die wahren Wahrheiten sind die, die man erfinden kann.«

Die erste große Sachverständigenkrise der Bundesrepublik betraf in den 60er Jahren das Strafverfahren und hier vor allen Dingen gerichtsmedizinische Gutachter, und das war für die Betroffenen, die Opfer der Strafjustiz, gar nicht kurios. Da das Vertrauen in die Justiz verlorenzugehen schien, versuchte man im Rahmen einer Gegenstrategie, die Fehlurteile als »Ausnahmefälle« zu verharmlosen.

So erging es dem international bekannten Kriminologen Frank Arnau (1894–1976) aus der Schweiz, der immer wieder kritisch nachwies, dass die bundesdeutschen Strafrichter und Ankläger lieber schuldlos, auf der Grundlage von falschen Gutachten verurteilte Menschen hinter Gitter sitzen ließen, als in einem neuen Gerichtsverfahren durch ihren Freispruch die Strafjustiz selbst der Irrtumsanfälligkeit zu überführen. Ein weitverbreitetes Attribut zahlreicher deutscher öffentlicher Ankläger und Strafrichter sei, so Arnau, eine »megalomanische Überheblichkeit«.

Prof. Dr. Albert Ponsold, Direktor des Instituts für Gerichtliche Medizin der Universität Münster, der uneingeschränkte »König« des Fachs zu jener Zeit, hatte in der italienischen Fachzeitschrift *Zacchia* unumwunden zugegeben, dass die deutschen forensischen Mediziner aus Eitelkeit und Prestigegründen bewusst falsche Gerichtsgutachten erstellen. Er wusste, wovon er sprach. In zahlreichen Fällen wurde nachgewiesen, dass seine Expertisen falsch waren und Unschuldige viele Jahre hinter Gitter gebracht hatten. In Fotografien las er wie in Kaffeesatz und fand stets, was die Staatsanwaltschaft suchte. Arnau bezeichnete Ponsold öffentlich als »Fern-, Fehl- und Lügengutachter«, ohne dass vom Angegriffenen je eine Reaktion kam.

Seine herausragendste Fehlleistung offenbarte sich im berühmten Fall Hetzel.

Pech hatte nämlich der gelernte Metzger und extrem vitale junge Mann Hans Hetzel, dem eine junge Frau, die er per Anhalter mitgenommen hatte, bei einem Schäferstündchen im Walde am 1. September 1953 wegstarb. Er meldete diesen Vorfall nicht der Polizei, weil er Angst hatte, dass ihm die Beamten die Geschichte nicht glauben würden. Schließlich war er vorbestraft. Also verbrachte er in panischer Angst die Leiche, an der die Erstgutachter später »keinerlei Zeichen äußerer Gewalteinwirkung«, sondern Tod durch Herzversagen feststellten (die junge Frau war herzkrank gewesen), zu einem anderen Ort und bettete sie ins Gebüsch nahe einer Autobahn. Er wusste, dass dort einmal ein junges Mädchen ermordet worden war.

Am 3. September 1953 gegen 19.30 Uhr wurde die Leiche der völlig entkleideten Frau an der Bundesstraße 28 zwischen Appenweiler und Sand, nördlich des Bodensees, in einem seitlichen Gebüsch gefunden.

Hätte Hetzel gewusst, dass Albert Ponsold sein Gutachter werden würde, wäre sein Mund stumm geblieben, als er wegen eines Eigentumsdelikts von der Polizei vernommen wurde. Aber es sprudelte nur so aus ihm heraus, er glaubte an den Sieg der Wahrheit und berichtete von dem tragischen Vorfall im Walde.

Da der Staatsanwaltschaft in Offenburg nun ein Mordprozess zu entgehen drohte, wie in der Vergangenheit schon öfter, trat Ponsold als Gutachter an und sah anhand von Amateurfotografien (!!!), die er vorsorglich als »Tatortaufnahmen« titulierte, zunächst »Mord durch Erwürgen«, später »Mord durch Erdrosseln« als erwiesen an. Und da Hetzel Fleischer war, kannte er auch das Mordwerkzeug: einen Kälberstrick, der nie aufgefunden wurde.

Ponsold hatte den Leichnam niemals gesehen. »Die

Gerichtsmedizin«, schrieb Frank Arnau schon zwei Jahre vor dem Freispruch Hetzels, »kennt keinen einzigen Fall …, in dem ein Gerichtsmediziner auf den grotesken Einfall gekommen wäre, aus einer Fotografie die Todesursache zu diagnostizieren«.

Hetzel hatte kein Geständnis abgelegt, er wurde 1955 zu lebenslangem Zuchthaus verurteilt und erst 1969, nach 14 Jahren Haft, verworfener Revision und zwei abgelehnten Wiederaufnahmeanträgen, endlich freigesprochen.

Wesentlichen Anteil am Freispruch hatte der österreichische Staatsbürger Prof. Dr. Otto Prokop (1921–2009), der Direktor des Instituts für Gerichtliche Medizin der Humboldt-Universität zu Berlin. Es fand also der Klassenkampf auf höchster Ebene statt. Prokop wies durch Versuche nach, dass Spuren im Halsbereich mühelos durch Vorgänge und Manipulationen an der Leiche nach dem Todeseintritt zu erklären sind. Gerade diese Vertrocknungen im Hals- und Mundbodenbereich hatten den fotografischen Hellseher Ponsold zu der kühnen Hypothese geführt, dass sie von einem Kälberstrick verursacht worden waren, weshalb dieser Fall heute als »Kälberstrickfall« in aller Munde ist. In Wirklichkeit war die beim »Geschlechtsakt von hinten« plötzlich an Herzversagen Verstorbene, die Magdalena Gierth hieß, auf einer Astgabel im Wald abgelegt worden, wodurch diese Y-Vertrocknung hervorgerufen wurde.

Es sei hier angemerkt, dass Otto Prokop, wenn er den Fall Hetzel in Vorlesungen oder auf Konferenzen erörterte, gebildeter von »Geschlechtsverkehr a tergo« sprach, was freilich im Lateinischen auch nur »von hinten« bedeutet.

Ponsold war vom 29. Mai 1961 bis zum 3. Oktober 1962 sogar noch Präsident der Deutschen Gesellschaft für Gerichtliche Medizin und wurde, wie es sich für Schlechtachter gehört, am 30. September 1968 in allen Ehren emeritiert; belangt werden konnte er strafrechtlich nicht, da auch Schlechtachter wie Gutachter wegen ihrer »Richterhilfsfunktion« von aller Haftung für die von ihnen angerichteten, unabsehbaren Schäden freigestellt werden. Falsche uneidliche Aussage und Meineid des Sachverständigen können zwar mit Haft bis zu fünf Jahren bzw. 15 Jahren bestraft werden, das setzt im Grunde genommen aber ein Geständnis des Gutachters voraus. Und so blöd war selbst Ponsold nicht. Er hatte sich immer darauf berufen, dass er sich geirrt und den Fall eben so und nicht anders gesehen habe.

»Experten kennen 99 Stellungen, aber kein einziges Mädchen«, hat Dieter Hallervorden einmal im Radio von sich gegeben. Ponsold hatte die Leiche nie gesehen, geschweige denn die Lebende gekannt, und er konnte nicht einmal die Stellung »a tergo« richtig auswerten.

Und da sie nicht aussterben, treiben solche Typen weiterhin in den Gerichtssälen der Welt ihr Unwesen. Man kann sich vorstellen, dass es ganz schlimm wird, wenn man solche »Experten« als Gutachter im Strafprozess gegen sich hat. Da hat man bei den spezialistengläubigen Richtern und Staatsanwälten so gut wie verloren.

Hans Ernst von Globig

Und der Schweinezahnfall

(1972)

Hans Ernst von Globig gehört neben Huster, Sonnenfels und Hommel zur vordersten Front der deutschen Aufklärer, die sich im Kampf gegen den Inquisitionsprozess verdient gemacht haben. Der studierte Jurist war am Oberhofgericht zu Leipzig tätig, ab 1806 wurde er Geheimrat, Konferenzminister und Direktor der Gesetzeskommission in Dresden. Er beeinflusste die Gesetzgebung in Preußen und fiel in Bayern in Ungnade, weil er den Entwurf des bayerischen Strafgesetzbuches auseinandernahm (1808). 1755 im sächsischen Kurkreis geboren, starb Globig als echter Sachse 1826 in Dresden.

Fast 150 Jahre später war in der DDR etwas Ungeheuerliches passiert, worüber sogar das *Forum der Kriminalistik*, das Fachorgan der Kriminalpolizei, 1972 im Heft Nr. 9 berichtete.

Ein junger Mann hatte ein Auto geklaut und es mit hoher Geschwindigkeit gegen einen Betonmast gesetzt. Totalschaden am Pkw, sogar der obere Teil des Lenkrades war abgebrochen, und auf dem Fahrersitz fanden die Kriminalisten einen abgebrochenen Schneidezahn.

Die Fahndung lief auf Hochtouren, unterstützt von der

Diagnose eines Zahnarztes: ein männlicher Missetäter, Alter 20 bis 25 Jahre, starker Raucher, das Gebiss stark vernachlässigt. Man brauchte folglich den Verdächtigen nur in den Mund schauen und nachsehen, wie es dem zweiten oberen rechten Schneidezahn so geht.

Die Fahndung verlief im Sande, obwohl alle Zahnärzte der Region informiert worden waren. Aber einen passenden Patienten hatten sie nicht zu bieten.

Wie immer in derlei Fällen gab plötzlich und unerwartet der Kommissar Zufall Hilfestellung. Bei einer anderen Straftat wurde einige Zeit später ein 20-Jähriger festgenommen. Dem Kriminaltechniker fiel bei dessen erkennungsdienstlicher Behandlung (Zitat) »ein globiger, stark vergilbter rechter oberer Schneidezahn« auf. Da der Festgenommene sich weigerte, dem Kriminalisten sein heruntergekommenes Gebiss vorzuführen, sollte ein Zahnarzt zur Tat schreiten. Schon beim Wort »Zahnarzt« schlotterten dem jungen Mann so die Knie, dass er noch auf dem Weg dorthin ein umfassendes Geständnis zu allen Missetaten ablegte. Der handwerklich nicht ungeschickte junge Mann hatte sich nach dem Totalschaden aus einem Schweinezahn eine »Prothese« gebastelt!

Aber wo spielte das Verbrechen vor über 40 Jahren, über das Leutnant der K Lothar Döring berichtete? Zu eben dieser Zeit war es im *Forum der Kriminalistik* zum Schutz des Vaterlandes und zur Verwirrung des Feindes streng verboten, Orte oder Landschaften zu nennen. Es konnte sich ja bekanntlich in der DDR immer alles überall abgespielt haben.

Die Antwort steckt in dem Artikel selbst. Denn »globig« steht im Sächsischen nicht nur für »glaube ich«, sondern auch für »klobig«, und der »globige« Schweinezahnfall spielte folglich im Sachsenlande, womit sich der Kreis zu Hans Ernst von Globig auf ziemlich kuriose Weise schließt.

Der junge Mann hätte sich viel besser aus der Affäre winden können, wenn er seine Prothese etwas fachkundiger gestaltet hätte. Aber ein entsprechendes Kursangebot gab es damals in der DDR noch nicht. Ein solches mit dem Titel »Zahnersatz selbst gemacht!« der Volkshochschule im oberbayerischen Erding hatte anno 2003 bundesweit für Aufregung gesorgt. Die Resonanz sei riesig, sie reiche von Interesse bis zu Klagedrohungen von Zahnärzten und Dentallabors, so die Schule. Ein »handwerklich durchschnittlich begabter Teilnehmer« habe kein Problem, sich sein Gebiss selbst zu machen, hatte es im Angebot geheißen. Doch damit nicht genug. Der Kurs sollte exakt am 1. April 2003 starten.

Geert van Beek

Kommissar Zufall

(1983)

Das einzig Beständige im Leben ist der Zufall. Fritz Reuter hat das in seinem Roman *Seine Majestät Dörchläuchting* etwas derb so umschrieben: »Jeder hat nun einmal einen Klotz am Bein, und der heißt ›Zufall‹.«

Über Zufälle könnte man ganze Bände schreiben. Valeri Brjussow, der russische Symbolist, erzählt in seinem Buch *Der feurige Engel* die Geschichte eines Mannes, dem ein Prophet gesagt hatte, ein Schimmel würde seinen Tod verschulden. Von diesem Zeitpunkt an mied er jegliche Pferde, nicht nur Schimmel, sondern auch Füchse, Rappen und Schecken. Schließlich starb er daran, dass auf ihn ein Schild niederfiel, auf dem ein Schimmel abgebildet war. Wow!

Wer sich am falschen Ort zu einer falschen Zeit aufhält, kann zufällig Opfer werden. Von Kriminalität oder von Unfällen. Wie Bruder Alfred in Wolfgang Kohlhaases gleichnamiger Erzählung, in der ein gewisser Barleben über seine Geschwister berichtet. »Sein Bruder Alfred hat nichts gesehen, kein Mädchen geliebt, kein Holz gesägt, kein Bier getrunken und nichts gestohlen, weil in einem schlimmen Augenblick, 1890, die Mutter für einen Sprung auf dem Hof war.« Da ist Alfred, ein

Jahr und sechs Monate alt, in den Waschkessel gefallen und ertrunken.

Aus der Kriminologie wissen wir, dass sich gemeine Taten von hundsgemeinen Missetätern verblüffend ähneln können, obwohl viele Jahre oder gar Jahrzehnte dazwischen liegen. So gibt es zahlreiche zufällige Übereinstimmungen bei den US-Präsidentenmorden an Lincoln (1865) und Kennedy (1963). Lincoln wurde im Ford-Theater angeschossen, und Kennedy saß zum Zeitpunkt des Attentats in einem Wagen der Marke »Ford Lincoln«. Beide wurden von Südstaatlern getötet, Nachfolger beider Präsidenten waren Südstaatler mit Namen Johnson, wobei Lincolns Nachfolger Andrew Johnson 1808 geboren wurde, Kennedys Nachfolger Lyndon B. Johnson 1908. Usw. usf. Und obwohl diese Verbrechen uns heute noch außerordentlich tragisch erscheinen, heißen Berichte über solcherlei Zufälle oft »Das Komische in der Geschichte«, zum Beispiel bei Lothar Kusche in der *Weltbühne,* Heft 51/52 aus dem Jahre 1980 (S. 1621).

Mörder kommen, wie alle Menschen, zufällig auf die Welt. Es hätte in der Menschheitsgeschichte viel Leid und Unheil verhindert werden können, wenn die Mörder gar nicht erst geboren würden. Ihnen rief vor langer Zeit Bertolt Brecht in seiner »Ballade von den Abenteurern« die berechtigte Frage zu: »Warum seid ihr nicht im Schoß eurer Mütter geblieben / Wo es stille war und man schlief und war da?«

Aus Kriminalfilmen und -romanen, aus Tatsachenberichten und aus der Wirklichkeit kennen wir den berühmtesten aller Kommissare, den Kommissar Zufall. Im Fall der Entführung des Brauereimillionärs Alfred Heineken und seines Fahrers Ab Doderer am 9. November 1983 verlangten die Verbrecher ein Lösegeld von umgerechnet fast 16 Millionen Euro. Es ging also um viel Geld, aber vor allen Dingen um das Leben der Entführten, deren Aufenthaltsort natürlich nicht bekannt war.

Die Polizei erhielt um die 750 Hinweise. Alle ziemlich unbestimmt und eigentlich ohne größeren polizeilichen Wert. Eine Information wies auf ein chinesisches Restaurant, in dem Tag für Tag zwei Essen bestellt und abgeholt würden, und der Abholer benehme sich »auffallend vorsichtig«. Die Amsterdamer Polizei in Form von zehn Beamten folgte dem Abholer unauffällig, der Weg führte zu einem Wellblechschuppen auf einem ehemaligen Industriegelände am Amsterdamer Westhafen, in dem dieser täglich wohl zwei Hauptgerichte verspeiste. Als der Mann dann wieder weg war, konnten sie nichts Verdächtiges im Schuppen feststellen, der, nach dem Schild zu urteilen, einer Möbelschreinerei gehörte. Die Vorderseite war zwar mit einer Hartfaserplatte abgedeckt – vielleicht, um diesen Eingang gegen Einbruch zu sichern.

Aber dem Polizeiinspektor Geert van Beek kam dieses Ermittlungsergebnis komisch vor. Er klopfte die Kopfseite des Schuppens ab und staunte, als ihm durch sein Klopfen ein Hohlraum angezeigt wurde. Die Hartfaserplatte, die die Kollegen als unverdächtig angesehen hatten, grenzte in Wirklichkeit einen kleinen Vorraum ab. Und er konnte, welch ein Zufall!, Hohlräume mit Betonwänden entdecken, in denen der Millionär und sein Fahrer, jeweils schalldicht und isoliert voneinander, mitten im kalten Winter angekettet saßen und froren. Und das schon drei Wochen lang.

Nun war es ein Leichtes, den Entführer Cor van Hout zu verhaften. Das Lösegeld aber blieb zunächst unauffindbar.

Nach der Befreiung von Heineken und seines Fahrers fanden Spaziergänger in der Nähe von Zeist, vielleicht 50 Kilometer von Amsterdam entfernt, jede Menge Hundert-Dollar-Scheine. Aber es waren ehrliche Finder, die sich das Geld nicht einsteckten, sondern es pflichtgemäß bei der Polizei ablieferten. Man grub an der Fundstelle, und es kamen noch mehr als acht Millionen Dollar ans Tageslicht, die den Geschädigten zurückgegeben werden konnten. Das war ja immerhin mehr als die Hälfte des Lösegeldes.

Nach diesen schrecklichen Erlebnissen mied der bis dahin kontaktfreudige Heineken die Öffentlichkeit.

Fritz Möller

Der Mörder traf den Falschen

(1985)

Dass Söhne Väter aus unterschiedlichen Gründen morden, hat eine lange Tradition. Schon im Römischen Reich konnten Konflikte zwischen Vätern und Söhnen tödlich enden. Die väterliche Gewalt über den Sohn währte nach damals geltendem Recht bis zum Tod des Vaters. Manche Söhne sehnten geradezu den Tod des Vaters herbei, damit sie endlich von der Bevormundung erlöst werden.

Wer einen langlebigen Vater hatte, war ziemlich angemeiert, denn er besaß keine eigenen Geldmittel. So musste der Sohn, wie der Jurist Ulpian berichtete, ein Darlehen aufnehmen, um den Vater mit Gift, das offensichtlich teuer war, oder durch Anwerbung und Bezahlung von Meuchelmördern umbringen zu können. Ein bezeichnender Senatsbeschluss aus der Regierungszeit Kaiser Vespasians (69–79) mit Namen »Senatus consultum Macedonianum« untersagte die Darlehensvergabe an Söhne, die noch der väterlichen Gewalt unterstanden, sofern der Darlehensvertrag die Klausel enthielt, die Rückzahlung des Darlehens solle nach dem Tod des Vaters erfolgen.

Der Vatermord war in der römischen Kultur lange

Zeit das einzige Verbrechen, dessen Verfolgung und Bestrafung vom Staat unternommen wurde.

Auf Vatermord stand die Todesstrafe durch Säckung. Der Verurteilte wurde mit einigen lebenden Tieren (einer Schlange, einem Hund und anderen Kreaturen) in einen Sack eingenäht und in den Tiber geworfen – ein wirklich qualvolles Ende für den Vatermörder. Die Strafe wurde bis in die Kaiserzeit vollstreckt, sogar der erste christliche(!) Kaiser Konstantin der Große (306–337) erneuerte die furchtbare Strafe der Säckung.

Dagegen ist es sehr selten, dass Väter ihre Söhne umbringen. Oder es zumindest versuchen. Und sie haben Glück, denn auf Sohnmord steht nicht mehr die Säckung, ja, nicht einmal mehr die Todesstrafe.

Der Publizist Peter Niggl hat in seinem Buch *Killer aus dem Katalog* einen Fall ans Tageslicht gebracht, dessen tragische Verstrickungen schon fast kuriose Züge tragen, und dieser Fall geht so:

Auf dem Schäkel-Hof in Petershagen-Frille bei Minden leben der alte Bauer Fritz Möller und sein ältester Sohn aus erster Ehe Karl-Friedrich seit langer Zeit in Unfrieden, womit sich auch das *Hamburger Abendblatt* vom 28. September 1989 beschäftigte:

»Sohn Karl-Friedrich erbte von seiner Mutter Hilde, die sich 1958 im Stall aufhängte, einen achtzig Morgen großen Hof, den sie mit in die Ehe gebracht hatte. Das Kind wuchs auf dem Anwesen seines Vaters, dem Schäkel-Hof, auf. Fritz Möller heiratete zum zweiten Mal, bekam noch drei Kinder. Und er machte Schulden. Er belastete den eigenen Hof und den seines Sohnes mit

Hypotheken. Eines Nachts, 1978, brannte dann noch der Erbhof ab. Zwei Mieter starben in den Flammen. Erst dann begann sich Karl-Friedrich mit seinem Besitz zu beschäftigen. Bald merkte er, dass nicht mehr viel davon übrig war.«

Der Sohn will sich diese Misswirtschaft nicht länger ansehen, und er schreitet zur Tat. Er kauft 1983 den Hof des Vaters und gewährt diesem ein zehnjähriges Nießbrauchsrecht. Der aber heuert einen Killer an, der den verhassten Karl-Friedrich umlegen soll. Fritz Möller sucht und findet seinen Dienstleister: Siegfried St., Vater von vier Kindern, einst Schlachter, dann Bergmann im Kaliwerk. Siegfried hat Schulden, und da kommt ihm dieser Job gerade recht.

Der Auftraggeber zeigt noch ein Bild des Sohnes, aber der weiß natürlich, was er zu tun hat: »Keine Angst, ich kenne den Dicken.« Dann legt er sich am 25. November 1985 gegen 19 Uhr hinter einer Stalltür mit einem abgesägten Kleinkalibergewehr auf die Lauer. Eine Gestalt kommt in der Dunkelheit, er lässt sie bis auf 30 Zentimeter herankommen und drückt ab. Der aus unmittelbarer Nähe Getroffene geht zu Boden.

Nun schaltet der Mörder das Licht an und zeigt Fritz Möller, dass er den Auftrag zu seiner Zufriedenheit erledigt hat. Doch Fritz Möller erstarrt. Der Erschossene ist der 23-jährige Nachbar Bernd Scheurenburg, der so alt ist wie Karl-Friedrich und auch dessen Statur besitzt.

Und nun wird es noch schlimmer. Der herbeigerufene Arzt stellt einen Totenschein aus, auf dem als Todesursache »Unfall« steht. Scheurenburg sei gestürzt und dabei ums Leben gekommen. Den Einschuss am Augenwinkel sieht er, aus welchem Grund auch immer, nicht. Oder will er ihn nicht sehen?

In der Gerichtlichen Medizin heißen diese Fälle »Ringelschuss«. Bei Schrägschüssen in den Kopf kann es nämlich vorkommen, dass das Geschoss an der Innenseite des Schädelknochens entlanggleitet und so lange kreist, bis es ausgetrudelt ist. Deshalb sind keine Spuren eines Ausschusses vorhanden. Wie bei dem niedergestreckten Nachbarn.

So wird Tage später der »verunfallte« Bernd Scheurenburg begraben. Tragisch, aber Unfälle passieren halt … Fritz Möller ist im Trauerzug und heuchelt sein unendliches Mitgefühl.

Aber er will Karl-Friedrich immer noch loswerden. Ungefähr zwei Jahre nach dem »Unfall« will er seinen Sohn nach einer vorgetäuschten Notwehr im Stall totschlagen. Der aber kann fliehen und macht eine Anzeige bei der Polizei. Und er teilt den Beamten auch seine Vermutung mit, dass Scheurenburg gar nicht Opfer eines Unfalls wurde. Das flüsterten im Ort ja schon die Spatzen von den Dächern …

Die Münsteraner Gerichtsmedizin, mit Professor Brinkmann (nicht aus der Schwarzwaldklinik) an der Spitze, bekommt den Fall im wahrsten Sinne des Wortes auf den Tisch; die Leiche von Bernd Scheurenburg wird exhumiert. Im Schädel des Toten finden die Rechtsmediziner ein Kleinkaliberprojektil, das aus dem Schädel nicht ausgetreten war. Mord!

Der Bauer legt ein Geständnis ab und nennt auch den

Namen des Killers, der am 6. Januar 1988 festgenommen wird. Er hatte ohne Frage einen Auftragsmord begangen, aber er war nicht beauftragt worden, den Nachbarn umzubringen.

Im Herbst 1988 müssen sich beide vor Gericht verantworten. Das Urteil eines Bielefelder Gerichts: lebenslange Freiheitsstrafe für den Killer und 13 Jahre Haft für den Bauern.

Ein Jahr nach dem Bielefelder Urteil muss sich auch der Bundesgerichtshof für Strafsachen mit dem Fall befassen, denn juristisch gesehen ist er verstrickt. Möller wurde ja als Anstifter für einen Mord bestraft, zu dem er gar nicht angestiftet hatte … Ob der Streit wohl nun entschieden ist?

Andreas Keller

Friedhof im Schnee

(1988)

Als Caspar David Friedrich 1826 sein berühmtes Bild *Friedhof im Schnee* malte, konnte er noch nicht ahnen, dass mit diesem Kunstwerk einmal ein ebenso berühmter Kriminalfall verbunden sein wird.

Über den spektakulärsten Gemäldediebstahl der DDR berichtet das Fernsehen der DDR schon am 5. Februar 1988. Susanne Umdasch, eine Kollegin der Aufsicht im Museum der Bildenden Künste in Leipzig, macht am 4. Februar zu Schichtbeginn gegen 13.15 Uhr die schlimme Entdeckung: Anstatt des Originals hängt eine Collage im kleinen Kabinett mit den Bildern von Caspar David Friedrich.

Nachdem sich alle vom ersten Schock erholt haben, wird die Kriminalpolizei informiert – und die Suche nach dem gestohlenen Bild läuft auf Hochtouren. Ein Fahndungsblatt mit der Überschrift »Diebstahl von besonders bedeutsamen Kulturgut« wird herausgegeben: »In der Zeit vom 03.02.1988, 16.00 Uhr, bis 04.02.1988, 13.15 Uhr, entwendeten unbekannte Täter aus dem Museum der Bildenden Künste im Georgi-Dimitroff-Museum der Stadt Leipzig ein Ölgemälde … Die unbekannten Täter haben das Bild von hinten aus dem Rahmen genommen und durch die Collage einer Reproduktion ersetzt.«

Heißt auch, dass die Tatzeit nicht genau eingegrenzt werden kann. Das Museum hatte eine Neuerung eingeführt, nämlich am Mittwochabend zusätzlich zu öffnen. Es wurde zunächst vermutet, dass sich die Tat am 3. Februar 1988 in den Abendstunden ereignete. In dem genannten Zeitraum von über 20 Stunden kann sich niemand erinnern, das Bild gesehen zu haben. Ein Umstand, der die Ermittler vor wirklich schwierige Aufgaben stellt und der dem Täter einen sehr guten Vorsprung verschafft.

Der Raum ist nicht mit Kameras gesichert, eine Alarmanlage gibt es nicht, Zeugen bringen die Kriminalisten nicht weiter – und dann noch diese riesige Zeitspanne, die es zu beachten gilt. Da ist klar, dass man sich auf die direkten Spuren des Verbrechens konzentriert – auf die Collage.

Es gelingt nicht, die verwendeten Materialien einer bestimmten Herkunft zuzuordnen. Wo wurden sie gekauft? Wo stammten sie her? Diese Spuren verlieren sich alle im Nebel. Ein Fingerabdruck wird auf der Collage gesichert, aber der kann keiner schon erfassten Person zugeordnet werden.

Der bekannte Kriminalpsychologe Dr. Lutz Belitz von der Sektion Kriminalistik der Humboldt-Universität zu Berlin wird hinzugezogen, der auch die Collage begutachtet. Auf einen Karton in der Größe des Originals (31 cm x 25,3 cm) waren waagerecht übereinander drei aus Kunstdrucken ausgeschnittene Streifen geklebt. Die

Farbstimmung ist auf den ersten Blick einheitlich, die Dreiteilung entspricht dem Bildaufbau des gestohlenen Bildes. Ergänzungen zum Originalbild, z. B. die schiefen Holzkreuze mit der Jahreszahl 1826, wurden dilettantisch hineingemalt, aber die Anmutung des Originals ist trotz vieler Unterschiede schon beachtlich. Auf den Platz, wo gewöhnlich die Signatur des Malers steht, steht jetzt: DREITEILER. Und damit hatte der Täter sein Ziel, den Diebstahl nicht gleich auffallen zu lassen, mit Bravour erreicht.

Dr. Belitz interpretiert das so: Die Collage verrate »zielgerichtete kreative Phantasie, Flexibilität des Denkens und handlungsbezogene Intelligenz – gepaart aber gleichzeitig mit Oberflächlichkeit, mangelndem Sinn fürs Detail und fehlender Akkuratesse (Schlampigkeit im Materialumgang)«. Aufgrund dieser Charaktermerkmale schließt er in seinem Gutachten aus, dass sich der Täter nachts im Museum versteckt hätte – das wäre ihm viel zu aufwendig gewesen. Nach Ansicht des Kriminalpsychologen war der Täter höchstens eine halbe Stunde im Museum, und zwar in einer Zeit, als nur geringer Publikumsverkehr herrschte. Er vermutet auch, dass ein Komplice als Aufpasser mitgewirkt hatte. Als mögliches Tatmotiv gibt er an, dass sich der Kunstdieb nach Ausreise und Verkauf des Bildes eine materielle Basis für ein gesichertes Leben in der Bundesrepublik Deutschland schaffen wollte.

Die Fahndung verläuft erfolglos, obwohl in der Sonderkommission zeitweise bis zu 100 Polizisten arbeiten – bis sich mehrere kriminalpolizeiliche Ereignisse so treffen, dass eine Lösung des Kriminalfalles in Reichweite kommt.

Der schon sieben Mal vorbestrafte Bernd-Detlef Hühne lebt in Halle über seine Verhältnisse, hat immense Schulden und beschließt erneut, auf Diebestour zu gehen. Und wird ertappt. Bei einer Hausdurchsuchung wird umfangreiches Diebesgut gefunden, und ohne dass die Kriminalisten ihn danach gefragt haben, zeigt er ihnen den Katalog des Museums der Bildenden Künste in Leipzig und erklärt, dass er mit dieser Sache nichts zu tun habe. Zwischenzeitlich ist auch eine Bekannte zur Polizei gegangen, die aussagt, dass sie Hühne nach der Tat zufällig getroffen habe, und er hatte sein Aussehen merkwürdig verändert. Sie hatte die Aufforderung zur Mithilfe bei der Aufklärung des Kunstdiebstahls in der Zeitung gelesen und erinnerte sich sogleich an diese wundersame Begegnung.

In der Vernehmung wird Hühne immer mehr in die Enge getrieben, und schließlich gesteht er seine Beteiligung an dem Diebstahl. Und nennt den Initiator und Haupttäter: Andreas Keller aus Jena. Beide kennen sich gut aus gemeinsamen Haftzeiten.

Am 23. Dezember 1988 wird der einschlägig vorbestrafte Keller verhaftet. Die gesicherte Fingerspur kann Keller mit Sicherheit zugeordnet werden. Er wird von dem erfahrenen Kriminalisten Major der K Michael Förster vernommen, der ihm schließlich ein Geständnis abluchsen kann – und den Aufenthaltsort des Bildes, das zu guter Letzt in Jena, sorgsam eingenäht unter der Sitzfläche eines Sessels, gefunden wird.

Und das ist in doppelter Hinsicht ein großes Glück. Denn in dem Raum, in dem der Sessel stand, brach durch leichtsinnigen Umgang mit einer Kerze ein Brand aus, der schnell um sich griff und erst in letzter Minute unter Kontrolle gebracht werden konnte.

Das Bild hatte seine Odyssee relativ unbeschadet überstanden, und nach einer kurzen Restaurationsphase hing es wieder an seinem angestammten Platz – jetzt aber voll gesichert. Gar nicht auszudenken, was alles hätte passieren können …

Beim Ermittlungsverfahren und in der gerichtlichen Hauptverhandlung zeigte sich, dass die Version des Dr. Belitz in allen Punkten auf bestechende Weise zutraf. Keller hatte Hühne am 4. Februar um 10 Uhr von zu Hause abgeholt, um nach Leipzig zu fahren, der Diebstahl wurde in den Mittagsstunden begangen. Das Bild hing fast lose im Rahmen; Keller sagte später aus, dass er nur neun Sekunden brauchte … Er hatte vorher ausgekundschaftet, wie leicht das Bild aus dem Rahmen zu lösen sei und wie schlecht die Sicherheitsvorkehrungen im Museum waren.

Am 10. Juli 1989 wurden der 26-jährige Andreas Keller zu zwölf Jahren und der 31-jährige Bernd-Detlef Hühne zu vier Jahren Freiheitsentzug verurteilt.

Zwölf Jahre musste Keller nicht absitzen, und kaum in Freiheit gelangt, war er wieder in der kriminellen Szene aktiv – als ein Teil der »Schlapphut-Bande«, benannt nach ihrer markanten Kopfbedeckung. In einer der größten Serien von Raubüberfällen der Nachkriegszeit wurden der Bande seit 2002 insgesamt 52 brutale

Überfälle – meist auf Banken und Sparkassen – in sieben Bundesländern zur Last gelegt. Anfang 2006 wurde er mit seinen Kumpanen wegen des Überfalls auf die Firma eines Schrotthändlers im ostthüringischen Greiz-Mohlsdorf verurteilt. Der Vorsitzende Richter am Landgericht Gera erwähnte in der Verhandlung den Diebstahl des Gemäldes *Friedhof im Schnee* aus dem Jahr 1988. »Geschmack hat er«, bemerkte Bernd Neidhardt trocken.

Danach musste sich Keller auch in Potsdam wegen sechs Überfällen in Zusammenhang mit der »Schlapphut-Bande« verantworten …

Matthias Pieper

Moderner Felix Krull

(1990)

Die Mauer in Berlin ist gerade gefallen, als am 24. November 1989 aus Westberlin ein junger Mann über die Grenzübergangsstelle Bornholmer Straße als Tourist in den Osten reist, gerade einmal 19 Jahre alt, Matthias Pieper mit Namen, und in den besten Hotels, die der Ostteil der Stadt zu bieten hat, logiert. *Palasthotel* und *Grand Hotel* sind nicht nur klangvolle Namen, sondern dort kann man auch nur gegen harte Währung zeitweise wohnen.

Er hat 1 000 D-Mark in der Tasche, und klar, das Geld hätte nur für ein paar Tage in jenen Etablissements gereicht. Matthias Pieper lässt später in Westberlin noch 100 Visitenkarten drucken, die ihn als Sonderbevollmächtigten der Salzgitter AG, wohnhaft in Burgdorf bei Hannover, ausweisen. Ihm ist gut bekannt, dass der Vorstandsvorsitzende der Salzgitter AG ebenfalls Pieper heißt, so dass er sich an der Rezeption des *Palasthotels* erst einmal mit der Arbeitsstelle Salzgitter AG einträgt.

Der Empfangschef wird unruhig und fragt vorsichtig, ob er denn eventuell der Sohn des Vorstandsvorsitzenden Ernst Pieper sei, der hin und wieder ebenfalls Gast des Hauses ist. Matthias Pieper bestätigt dies kurz und knapp.

Und dann nimmt alles seinen Lauf. Der Hochstapler residiert wie ein Scheich im Hotel, lässt sich von vorn bis hinten bedienen. Massage und Fitnesstraining stehen auf dem Programm. Ein Mercedes mit Chauffeur kutschiert ihn zu Geschäftsreisen in verschiedene Städte der Noch-DDR.

Pfiffig wie Felix Krull arbeitet er geschickt an seinem Status, der Sohn des Großen Vorsitzenden zu sein. Sogar Personenschutz wird ihm gewährt, denn als Sohn eines so bedeutenden Geschäftsmannes muss man sich ja ständig vor Angriffen des internationalen Terrorismus schützen! Den Namensbonus nutzt Pieper so geschickt aus.

Zur Absicherung seiner Hochstapelei lässt er fingiert den »Alten« im Hotel anrufen. Pieper sen., der dem Direktor des *Palasthotels* persönlich bekannt war, sagte ihm mit verstellter Stimme von Pieper jun. aus Westberlin, dass er wegen des tödlichen Attentats auf Alfred Herrhausen am 30. November 1989 beim Bundeskriminalamt an vierter Stelle auf der »Terrorliste« stehe und jetzt sehr froh ist, dass sich sein Sohn im *Palasthotel* in der DDR sicher aufhalten würde; er komme selbstverständlich für alle Kosten auf.

Angefangene Geschäftsbriefe mit dem Salzgitter-Kopf verstreut Pieper demonstrativ im Hotelzimmer. Bücher wie Goethes *Poetische Werke*, Band 10, und Kassetten mit klassischer Musik (Beethovens Sinfonie Nr. 7) weisen auf höhere Bildung und Kunstinteresse hin.

Als die Hotelkosten 10 000 Mark übersteigen, ist eine erste, sehr freundliche Mahnung fällig, die Rechnung doch zu begleichen. Jedoch Herr Pieper jun. überhört die Zahlungsaufforderungen geflissentlich. Die Damen und Herren in der Führungsriege des Hotels lassen sich mit ihren Ansprüchen auf die lange Bank schieben, denn Matthias Pieper unterlässt auch weiterhin keine Möglichkeit, auf seine honorige Abstammung hinzuweisen.

Er wird zu Gesprächen mit offiziellen Herren der DDR-Wirtschaft empfangen, die weitere Türen für den Jungmanager öffnen. So nimmt dieser an einem Empfang für den französischen Staatspräsidenten Mitterrand teil, bei der Silvesterfeier im *Palasthotel* wird er als prominentester Gast begrüßt.

Matthias Pieper spricht gebildet und mit korrekt gewählten Worten – wie es nur in diesen Kreisen üblich zu sein scheint. Auf das zeitweilige Leben in der Welt der Reichen und Schönen hatte sich der Junior schließlich auch gut vorbereitet. Die Biographie seines Namensvetters kennt er auswendig. Und über ökonomische Zusammenhänge weiß er ohnehin ein bisschen Bescheid, hatte er doch nach dem Abschluss der 10. Klasse ein Wirtschaftsgymnasium besucht, das er aber vorzeitig verließ, weil es – wie er später vor Gericht formuliert – seinen geistigen Horizont überstieg.

Ein Schaden in Höhe von 24 498,95 D-Mark ist für das Hotel schon entstanden, als das Unglück über Matthias Pieper hereinbricht und ihn aus den schönsten Managerträumen reißt. Der vermeintliche Vater Ernst

Pieper wird Mitte Januar 1990 ebenfalls Gast im *Palasthotel,* und da wundern sich die Angestellten schon, dass Vater und Sohn in der Hotelhalle aneinander vorbeigehen und keinen Kontakt suchen.

Der Hochstapler à la Felix Krull wird schließlich von der Kriminalpolizei gesucht, wobei die »Kontaktaufnahme« auf dem Gang des Hotels unspektakulär verläuft. Die Kriminalisten werden noch ein wenig verunsichert, weil Pieper vehement verlangt, einen Vertreter der Ständigen Vertretung der BRD in der DDR zu sprechen. Zur »Klärung eines Sachverhaltes« nehmen ihn die Kriminalisten mit auf das VP-Präsidium am Alexanderplatz, wo sich der Verdächtige nicht gerade heldenhaft auf der Polizeitoilette einschließt und beharrlich weigert, diese Festung zu verlassen. Erst nach Aufbruch der Toilettentür kann er richtig festgenommen werden.

Die finanzielle und nunmehr juristische Sache wird schnell geregelt. Seine Mutter lässt den Schaden begleichen (es sind auch noch 65 DM im Hotel *Metropol* und 1 991,95 DM im *Grand Hotel* aufgelaufen), das Stadtbezirksgericht Berlin-Mitte verurteilt Matthias Pieper zu zwei Jahren Bewährung. Falls sich der Täter nicht bewähren sollte, sind ein Jahr und zehn Monate Freiheitsentzug angedroht.

Ganz Berlin lacht insbesondere über die Führungsriege des *Palasthotels,* die ehrfurchtsvoll und blind einfach einem Namen vertraut hatte. Aber geteiltes Leid ist bekanntlich nur halbes Leid. Zur gleichen Zeit laufen in der BRD und in Westberlin ebenfalls Ermittlungen gegen Matthias Pieper, Lagerarbeiter bei der Salzgitter AG ohne Berufsabschluss, wobei es um eine viel höhere Schadenssumme geht …

Arno Funke

Ach, Dagobert!

(1994)

Als der Kaufhauserpresser Arno Funke, Jahrgang 1950, gelernter Schildermaler und Lichtreklamehersteller, am 22. April 1994 nach zwei Jahren geschnappt wurde, hatte er als Dagobert schon Kriminalgeschichte geschrieben. Als genialer und sympathischer Ganove, der bei seinen Anschlägen nie jemand ernstlich verletzte, der mit Witz und Humor zu Werke ging und der die Polizeibeamten zu Tausenden in die Irre leitete. Und der eindrucksvoll bewies, dass es immer auf Idee und Plan ankommt und nicht so sehr auf Kräfteaufwand und materielle Ausrüstung.

Rund 30 Millionen Mark soll allein die Jagd auf ihn gekostet haben. Mit hochmoderner Technik, Fährtenhunden, Hubschraubern und schnellen Autos jagte man Dagobert glücklos in einem Stile, als müsse man gegen ein perfekt funktionierendes Verbrechersyndikat in Bataillonsstärke ankämpfen. Schließlich halfen der berühmte Kommissar Zufall, Peilsender, Fangschaltung und ein Mobiles Einsatzkommando, Dagobert dingfest zu machen.

Dass dies einen späten Erfolg der Polizei darstellte, ist unbestritten. Aber war dadurch die Welt der Verbrechensbekämpfer wieder in Ordnung? Nein, denn was mit ungeheurem Aufwand betrieben und nun als ein »Erfolg kriminalistischer und operativer Maßnahmen« gefeiert wurde, entpuppte sich bei genauem Hinsehen als eine lange Liste von Pleiten und Pannen der Polizei und als Triumpf eines bauernschlauen Bastlers, der bei keiner der zahlreich vereinbarten Geldübergaben (und damit, wie es im Polizeideutsch heißt, Zugriffsmöglichkeiten) gefasst werden konnte. Sein Ende hatte er zudem selbst verschuldet. Arno Funke würde heute noch die Kriminalpolizei foppen, wenn er sein Mountainbike, auf dem er den Fahndern schon einige Male entkommen war, im geliehenen weißen Daihatsu Cuore ein wenig getarnt hätte.

»Ein paar von Ihren Sachen werden bestimmt im Kriminalmuseum landen«, sagt sein erster Vernehmer. Wenigstens ein Punkt, in dem die Kriminalisten recht behalten sollen. In der Polizeihistorischen Sammlung am Platz der Luftbrücke findet man ein paar Funke-Objekte, z. B. sein selbstgebautes »Schienenfahrzeug«, das der Geldübergabe dienen sollte.

Dagobert, wie Arno Funke sich selbst auf den Erpresserschreiben nannte (er wollte wie die Comic-Figur Dagobert Duck in Geld schwimmen), hatte zwischen 1988 und 1994 mit Sprengsätzen in Karstadt-Häusern und im KaDeWe hohe Summen erpresst (und vom KaDeWe auch 500 000 Mark bekommen) und so einen Schaden von mehreren Millionen Euro angerichtet. Die späteren Geldübergaben scheiterten allesamt kläglich, obwohl Dagobert ausgefeilte Erfindungen umsetzte. So weist er am 14. August 1992 die Polizei an, eine mit Geld gefüllte Kiste per Magnet an einen Bahnwaggon zu heften. Über Funksignal löste er die Kiste vom Zug und verschwindet damit, aber die Polizei hatte ihn gelinkt. In der Kiste war nur Papier. Auch die Geldübergabe am 19. April 1993 scheitert, obwohl der Plan genial war. Funke lässt das Geld in eine Steglitzer Streusandkiste legen. Die Polizei beobachtet und lauert, währenddessen Dagobert in der Kanalisation flüchtet. Der kluge Schildermaler aus Berlin-Mariendorf mit einem Intelligenzquotienten von überdurchschnittlich 145 hatte die Kiste auf einen präparierten Gullydeckel gestellt. Auch diesmal ist kein echtes Geld drin. Am genialsten war seine selbstgebaute Lore, die auf einer Bahnschiene fährt. Kurz vor dem Ziel entgleist das Gerät und landet damit nicht bei Dagobert. Also wieder Pech. Dafür landet die Lore in der Polizeihistorischen Sammlung.

Natürlich, Arno Funke war nur deshalb so erfolgreich, weil er ein genauer Beobachter und genialer Tüftler ist – worüber auch seine munteren Memoiren mit dem Titel *Mein Leben als Dagobert* aus dem Jahre 1998 Auskunft geben. Er baut eine »Übergabekiste« in die Landschaft, trimmt sie auf alt und denkt sich vielleicht: Das muss so aussehen, als stünde sie schon 50 Jahre hier. Da kann man sich die folgende Situation drehbuchreif vorstellen: Er sitzt darunter in der Kanalisation und hört ein Gespräch zwischen zwei Polizisten: »Was ist denn das hier?«, fragt der eine. »Ach«, sagt der andere, »das ist alt, das steht schon 50 Jahre hier.«

Im Gefängnis muss sich Funke wöchentlich einer Leibesvisitation unterziehen. Zum durchführenden Beamten sagt er einmal: »Sie sollten sich bei Fernsehen für ›Wetten dass‹ melden. Sie können ja wetten, dass Sie hundert Personen an ihren Arschlöchern erkennen.« – »Ha, ha«, lachte der Beamte, »ich kann auch zum heiteren Beruferaten gehen!« – »Und was wäre Ihre typische Handbewegung?« – »Die Nase zuhalten.«

Arno Funkes erster Zellengenosse ist der ehemalige Genosse Oberstleutnant der K Peter Nedwig aus Berlin, der wegen Steuerhinterziehung einsitzt und früher einmal die Kriminaltechnik im Präsidium der Deutschen Volkspolizei Berlin leitete. Dass er zudem der Sohn des allerobersten Kriminalisten der DDR, Generalleutnant Helmut Nedwig, ist, bringt uns wieder einmal zu der Erkenntnis, dass Geschichte selbst in ihren skurrilen Formen nicht vorhersehbar ist.

Und noch das: Ein Karstadt-Mitarbeiter bittet bei einem Erpresseranruf darum, die Geldübergabe nicht aufs kommende Wochenende zu legen, weil seine Tochter kirchlich heiratet. Eine Bitte, die jeder verstehen kann.

Arno Funke wird 1996 vom Berliner Landgericht in zweiter Instanz zu neun Jahren Haft verurteilt und 2000 wegen guter Führung entlassen. Heute arbeitet er als Karikaturist vor allen Dingen für die Zeitschrift *Eulenspiegel* (erstmalig im Heft 4 aus 1998), Autor und DJ. Das Gericht hatte ihn zu 2,5 Millionen Mark Schadenersatz verurteilt, so dass er mit seinen kreativen Tätigkeiten noch eine Menge Schuld abzutragen hat.

2002 zeigte Arno Funke im alten Postbahnhof neben

dem Ostbahnhof Zeichnungen aus seiner Haftzeit. »Ich male einfache Leute lieber als die Politiker«, sagte er damals in einem Interview. »Ich weiß ja selbst, wie das ist. Und im Knast hatte ich genug Anschauungsmaterial.«

Eine Grafik zeigt zum Beispiel eine ältere Frau, die gerade ihren Ehemann eingebuddelt hat: »Sicher, es war ein hartes Stück Arbeit gewesen, aber die Mühe hatte sich gelohnt. Endlich waren alle ihre Probleme begraben. Maria atmete befreit durch, hob ihren Blick zum Horizont und schaute voller Zuversicht in eine bessere Zukunft.«

Dagobert inspirierte auch andere Ganoven. Zwei Brüder aus Halle hatten 1997 vor dem Essener Landgericht zugegeben, die Ladenkette »Aldi« mit gezielten Explosionen in deren Filialen erpresst zu haben, wodurch sie im Jahr davor drei Millionen Mark von Aldi bekommen hatten. Zu diesem Plan habe den Haupttäter ein Fernsehfilm über den Berliner Kaufhauserpresser »Dagobert« angeregt. Das wollte aber Arno Funke nun wirklich nicht!

Warum er nun trotz seiner kriminellen Taten zum »Volkshelden« wurde, hatte der Schriftsteller Horst Bosetzky (-ky) schon kurz nach Dagoberts Verhaftung treffend beschrieben: »Die Franzosen haben ihren Rififi, die Engländer ihren Postraub – und wir nun endlich unseren Dagobert.« Der Kaufhauserpresser stehe für eine kollektive Wunschvorstellung – pfiffig führe er die Reichen und Mächtigen an der Nase herum.

Zwei Tage nach Dagoberts Verhaftung sagte der Münchener Polizei-Psychologe Georg Sieber: »Sollte sich herausstellen, dass ein Lackierer mit Bastelstube imstande war, so lange eine Sonderkommission zu foppen – das wäre das Bad Kleinen der Polizei. Wenn er es wirklich ist, hoffe ich, dass er nach dem Gefängnis bei uns anfängt – als Polizei-Ausbilder.«

Ach, Dagobert, du hast wohl etwas zu zeitig deine Memoiren geschrieben!

Weiterführende Literatur

Arnau, Frank: *Zur Situation des gerichtsmedizinischen Gutachterwesens in der westdeutschen Bundesrepublik.* Kriminalistik und forensische Wissenschaften 1 / 1970. Berlin 1970, S. 257–267.

Benecke, Mark: *Mordmethoden. Ermittlungen des bekanntesten Kriminalbiologen der Welt.* Bergisch Gladbach 2002.

Benny Hill Show 1980. In: Annette Keck und Ralph J. Poole (Hrsg.): *Serial Killers. Das Buch der blutigen Taten.* Leipzig 1997, S. 74.

Bergreen, Laurence: *Al Capone. Ein amerikanischer Mythos.* München 1996.

Borrmann, Norbert: *Das Große Lexikon des Verbrechens. Täter, Motive und Hintergründe.* Berlin 2005.

Feustel, Jan: *Raub und Mord im Kiez. Historische Friedrichshainer Kriminalfälle.* Heimatmuseum Friedrichshain. Berlin 1996.

Funke, Arno: *Mein Leben als Dagobert.* Berlin 1998.

Gröschner, Annett, und Grischa Meyer: *Das Fallbeil. Eine Berliner Blockade Zeitung.* In: *Theater der Zeit,* Januar 1999.

Hellwig, Albert: *Aktenmäßige Studien über den kriminellen Aberglauben.* Teil 9. Archiv für Kriminal-Anthropologie und Kriminalistik. 57. Band, 3. Heft. Leipzig 1914, S. 234–256.

Krause, Jens-Uwe: *Kriminalgeschichte der Antike.* München 2004.

Kretschmann, Georg: *Millionengeschäfte mit der Kunst.* Berlin 1991.

Leonhardt, Rainer, und Frank-Rainer Schurich: *Berlin mörderisch. Ein kriminalhistorischer Führer mit Straße und Hausnummer.* Berlin 1999.

Lindau, Paul: *Der Prozess Graef.* Berlin 1985.

Mittmann, Wolfgang: *Gladow-Bande. Die Revolverhelden von Berlin.* Berlin 2003.

Murakami, Peter und Julia: *Lexikon der Serienmörder. 450 Fallstudien einer pathologischen Tötungsart.* München 2000.

Müller, Karl (Hrsg.): *Serienkiller.* Langenfeld 2010.

Niggl, Peter: *Killer aus dem Katalog. Auftragsmord – Ein neues Gewerbe.* Berlin 1996.

Prokop, Otto: *Der Fall Hetzel.* Kriminalistik und forensische Wissenschaften 2 / 1970. Berlin 1970, S. 81–111.

Richter, Lukas: *Der Berliner Gassenhauer. Darstellung – Dokumente – Sammlung.* Münster u. a. 2004 (Volksliedstudien Band 4).

Schweder, Paul: *Die großen Kriminalprozesse des Jahrhunderts. Ein Deutscher Pitaval.* Hamburg 1961.

Sinn, Dieter: *Illegal. Das große Verbrecherlexikon.* Anières-Genf 1976.

Stricker, Michael: *Der Fall gibt heute noch Rätsel auf. Der Kindermörder Adolf Seefeld – eine Spurensuche.* Zehnteilige Serie im Schweriner *Blitz am Sonntag.* Ausgaben 27. März 2011 bis 31. Juli 2011.

Treichel, Fritz: *Julius Krautz – ein preußischer Scharfrichter.* In: *Die Mark Brandenburg. Von Galgenstrick und Henkersknoten.* Heft 22. Berlin 1996, S. 30 f.

Ulrich, Holde-Barbara: *Ein kriminalistisches Puzzle.* In: *Für Dich* 7/1989, S. 24–29.

Weimann, Waldemar: *Diagnose Mord. Die Memoiren eines Gerichtsmediziners, aufgezeichnet von Gerhard Jaeckel.* Bayreuth 1964.

Werremeier, Friedhelm: *Der Fall Heckenrose.* München, Gütersloh und Wien 1975.

Wiegler, Paul: *Schicksale und Verbrechen. Die großen Prozesse der letzten hundert Jahre.* Berlin 1935.

Wirth, Ingo: *Tote geben zu Protokoll. Streiflichter aus der Geschichte der Gerichtsmedizin.* Berlin 1990.

Wulffen, Erich: *Irrwege des Eros.* Hellerau bei Dresden 1929.